E<small>L</small> <small>GRAN LIBRO DEL</small>

A J O

El Gran Libro del

AJO

Sophie Hale

KÖNEMANN

Para Rosalind

Título original: *The Great Garlic Cookbook*

© 2000 de la edición española reducida:
Könemann Verlagsgesellschaft mbH,
Bonner Str. 126, D-50968 Colonia

Traducción del inglés: Ángeles Leiva
para LocTeam, S.L., Barcelona
Redacción y maquetación:
LocTeam, S.L., Barcelona
Impresión y encuadernación:
Midas Printing Limited, Hong Kong

Printed in China

ISBN: 3-8290-4822-X
10 9 8 7 6 5 4 3 2 1

Nuestro agradecimiento a: Matthew Hale por
su apoyo desinteresado; Marsha R. Levine, Gail Harvey
por su aportación sobre las gambas; Tim Sisley por
la inspiración árcade: Josephine Cruickshank; Nick y
Suzanne, y Beans por estar ahí.

La autora y los editores desean expresar su agradecimiento a quienes permitieron
reproducir las siguientes ilustraciones:
p. 6 Royal Horticultural Society; p.7 ET Archive Ltd;
p. 8-10 Casecross Ltd.

CONTENIDO

INTRODUCCIÓN

El ajo siempre ha sido algo más que un condimento. A lo largo de su historia le han rendido culto los griegos y los egipcios, inspiró la primera huelga industrial de la que se tiene constancia, se han prestado juramentos de enlace sobre él, se ha utilizado como divisa fuerte, para protegerse de la peste y el mal de ojo, diagnosticar el embarazo y como remedio popular para curar desde el cáncer hasta el debilitamiento del cabello. Asimismo ha servido para conservar la carne y los cadáveres, templar el acero, fortalecer el ánimo tanto en el lecho como en el campo de batalla, ahuyentar las plagas de las cosechas y a los vampiros de las vírgenes, simbolizar la unión entre el hombre y el cosmos, así como medio efectivo capaz de dividir la minoría de élite de las masas olorosas en la mayor parte del mundo civilizado.

EL AJO EN LA COCINA

El ajo —*Allium sativum*— constituye sin lugar a dudas la más versátil de todas las hierbas, especias y hortalizas. En comparación con cualquier otra sería como equiparar una orquesta sinfónica con un simple silbato.

Este miembro de la familia de las liliáceas forma parte del género *Allium*, compuesto por más de 300 especies entre las que se cuentan la cebolla, el puerro, la escalonia, el chalote, la cebolleta y el cebollino.

En términos técnicos, el ajo destaca entre todas estas especies por la intensidad de su aroma —"allium" significa

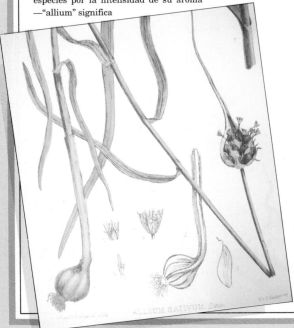

"oloroso" en latín, y "al" quiere decir "ardiente" en celta—, aunque no tiene por qué ser así. Dado que el aroma esencial del ajo depende del modo en que se desprenda su elemento sulfuroso —fuente de su sabor picante—, el efecto puede ser tan fuerte o tan suave como se desee. En consecuencia, las cantidades recomendadas en las recetas de este libro no se reflejan necesariamente en la intensidad del resultado final: un pollo relleno con 40 dientes de ajo enteros y pelados horneado a temperatura baja no sabrá ni mucho menos tan fuerte como un pollo servido con una salsa alioli preparada con una octava parte de dicha cantidad.

El ajo puede utilizarse para frotar con él la superficie de un cuenco para ensalada o un recipiente de fondue, majado o finamente picado y frito a fuego fuerte para añadir un intenso sabor a salsas para pasta. Se puede rehogar en mantequilla como un refinado e inusual plato de verduras, combinarse con otras hierbas y especias para lograr un sabor indio, mexicano, mediterráneo u oriental y, utilizado en salsas y marinadas, aportará interés a la carne y al pescado de sabor suave. El ajo constituye un condimento excepcional para sopas preparadas, estofados, refritos y fiambres, y añade un toque de distinción a la alta gastronomía. En realidad, el único límite a los innumerables usos del ajo se halla en la propia imaginación.

Por su predominante sabor, no conviene consumir más de un plato fuertemente condimentado con ajo por comida. (A los devotos, naturalmente, les complacerá todo y más.) Se desaconseja asimismo servir un vino refinado con las preparaciones culinarias a base de ajo, pues desaparecerán las sutilidades de su sabor. Los tintos con cuerpo como un Rioja o un Chianti, o los blancos secos y ásperos como un Frascati o un Vinho Verde conservarán todas sus particularidades; la cerveza dorada fría se presta como acompañamiento ideal para platos picantes y sumamente especiados; y la sangría, o el vino blanco con sifón o gaseosa y quizá una ramita de menta, resulta igualmente refrescante. Algunas personas consideran que un vino dulce de gran aroma como el Sauternes combina a la perfección con curries. A los aficionados al ajo que elaboran su propio vino o cerveza tal vez les agrade la idea de añadir uno o dos dientes pelados en el momento del embotellado.

Al comprar el ajo, hay que asegurarse de que presente bulbos compactos y bien rellenos, sin desgarrones en la capa externa. La fina piel del bulbo puede ser blanca,

Izquierda: Grabado botánico de *Allium sativum* extraído de *Medicinal Plants* de Robert Bentley y Henry Trimen, Vol. IV, 1880, inspirado en ejemplares de Kew Gardens: 1 Planta entera; 2 Sección vertical de la base del tallo y bulbo; 3 Sección vertical de un solo bulbillo; 4 Flor; 5 Flor desprovista de perianto; 6 Uno de los estambres internos; 7 Hoja y parte de la vaina.

Página derecha: La cantidad de ajo que aparece en esta ilustración del siglo XIV da muestras de la profusión de su uso con fines medicinales, cuando no como bulbo comestible, en aquella época.

INTRODUCCIÓN

Superior izquierda: Cultivo de cebollino chino.
Superior: En China los ajos tiernos se consumen con tanta frecuencia como el propio bulbo.

rosada o púrpura, según la zona de cultivo y la época del año en que se compre, si bien su sabor apenas variará. Para su conservación debe guardarse en un lugar seco y fresco.

Una prensa de ajo, preferentemente de plástico, resulta práctica cuando se hace uso extenso de este bulbo. Primero hay que aplastar ligeramente el diente para que se despegue la piel y acto seguido triturarlo sin pelarlo, recogiendo el jugo y la pulpa a medida que salgan por los orificios. De este modo se facilita sustancialmente la limpieza de la prensa, que sólo precisa retirar la piel y aclarar el utensilio bajo el grifo del agua caliente.

Dado el olor persistente del ajo, conviene disponer de una tabla de cortar exclusivamente para el ajo y la cebolla, y envolver la comida con ajo en una bolsa hermética y en papel encerado antes de guardarlos en el frigorífico o en el congelador. Algunas personas temen el olor a ajo: el perejil, los productos de clorofila, absorbentes como los guisantes y las judías y otros refrescantes del aliento ayudan a mitigar sus efectos, así que no hay por qué preocuparse. El ajo se distingue por su olor como los buenos alimentos, mientras que el mal aliento se define como tal por sí mismo.

EL AJO EN EL JARDÍN

Aunque el ajo puede comprarse durante todo el año, su cultivo no comporta grandes dificultades. Pese a tratarse de una planta resistente requiere un período de calor y sol mientras madura. Para plantarla es preciso separar con cuidado los dientes del bulbo aliáceo y enterrarlos, todos excepto los dos o tres centrales, en surcos de 3,5–5 cm de profundidad y 15 cm de separación, con el extremo puntiagudo hacia arriba. Para el cultivo de grandes cantidades de ajo es preciso dejar 30 cm entre hileras. El suelo debe ser fértil pero fino y bien drenado. El ajo plantado al inicio de la primavera podrá cosecharse en otoño una vez que el follaje se haya vuelto marrón y haya empezado a secarse. La siembra realizada a mediados de otoño producirá una cosecha al verano siguiente. Hay que dejar la tierra suelta alrededor de cada bulbo sirviéndose de una horca, con cuidado de no rasgar las vainas al desenterrarlas. Éstas deben secarse al sol o en un cobertizo al aire libre y limpiarse de cualquier resto de tierra. Posteriormente, los bulbos pueden enristrarse y guardarse en un lugar seco y fresco.

La rocambola se planta en primavera así como en otoño en climas muy templados, a una profundidad de 3–5 cm, mientras que el ajo gigante —de mayor tamaño y sabor más refinado que el ajo común— puede cultivarse en ambientes más húmedos y apenas requiere sol. Los dientes deben plantarse con una separación de 25–30 cm entre sí para permitir el crecimiento de los bulbos, y pueden sembrarse hasta finales de la primavera.

Asimismo cabe la posibilidad de plantar ajo enterrado a 2,5 cm en suelo rico, o en tiestos sobre un alféizar soleado; las macetas de interior próximas a un radiador necesitan

INTRODUCCIÓN

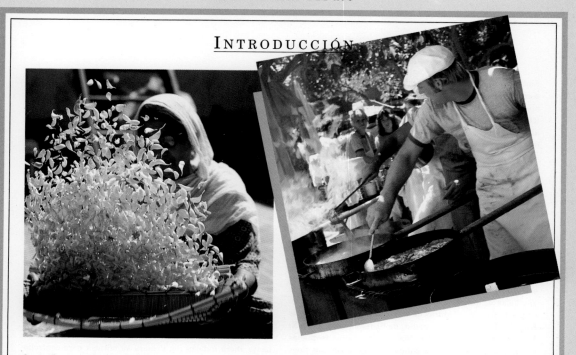

Superior: Esta mujer india separa los dientes de ajo, eliminando las pieles externas despegadas con ayuda de un cedazo grande.
Superior derecha: Este *chef* con la cacerola flameante participa en el *Gilroy Garlic Festival*, un acontecimiento anual celebrado en Gilroy, California.

mantener el fondo bien regado, lo que permite además humedecer la habitación.

El ajo se cultiva también mediante la siembra de semillas; algunas variedades pueden adquirirse en viveros o a través de vendedores especializados, que sabrán recomendarle el tipo de semilla que debe elegir y el método de cultivo indicado para un suelo y un clima determinados.

EL AJO EN EL FOLCLORE

El ajo es probablemente más conocido fuera del ámbito culinario por su uso como repelente contra vampiros. En *Drácula* de Bram Stoker, el experto en vampiros Van Helsing hace llevar a la futura víctima del Conde, Lucy, una corona de flores de ajo, y frota con ellas el espacio en torno a la puerta, la ventana y la chimenea como primera línea de defensa.

Los habitantes de Transilvania —el corazón mismo de la tierra de los vampiros— solían llenar de ajo las bocas de los cadáveres sospechosos antes de su entierro. Se tenía la creencia de que unos cuantos dientes de ajo en el monedero alejaban a las brujas del oro propio y, colgados en las vaquerías, interrumpían las intromisiones sobrenaturales en la producción láctea. Por el contrario, en caso de deshacerse del ajo se perdía también la "fortuna".

En la antigüedad el ajo se empleaba para proteger a aquellas personas más vulnerables al mal de ojo: vírgenes, recién nacidos (ninguna comadrona griega hubiera osado asistir a un parto sin una buena provisión de ajos a mano), prometidos y desposados. En realidad, cualquier individuo estaba expuesto a influencias perjudiciales en algún momento u otro; y si ocurría lo peor y no se disponía de ajo ante un posible trance, se creía que el gritar "¡He aquí el ajo en tus ojos!" servía para el caso.

Los griegos lo utilizaban para ahuyentar a las nereidas, ninfas celosas que aterrorizaban a las futuras esposas y mujeres encinta. Asimismo se consideraba prudente dejar montoncitos de dientes de ajo en los cruces para invocar a Hécate, diosa del destino.

Según Homero, fue un tipo de ajo silvestre llamado *moly* el que impidió que la hechicera Circe transformara en cerdo a Odiseo. Tan eficaz resultó ser el encantamiento que la diosa, por el contrario, se enamoró de él, una prueba más de los poderes del ajo como afrodisíaco.

Plinio el Viejo, el gran naturalista romano, sostenía que el jugo del ajo era capaz de sustraer los poderes de un imán, mientras que más recientemente en Norteamérica se han extendido extraños rumores sobre la tribu de los cabezas de ajo de México, y se dice que el ajo gigante del suroeste fue responsable de más de un accidente ferroviario.

EL AJO EN LA MEDICINA

Acné, agotamiento, almorranas, alopecia, arterioesclerosis, asma, bronquitis, canas, cáncer, catarro, cefalalgias, ciática,

INTRODUCCIÓN

contusiones, demencia, dolor de muelas, eczema, epilepsia, escorbuto, estreñimiento, flatulencia, gangrena, heridas abiertas, hiedra venenosa, hipertensión, hipoglucemia, ictericia, la mayoría de los venenos, lepra, lombrices, mal de alturas, mordeduras de animales, mordeduras de serpiente, obesidad, picaduras de abejas, pie de atleta, rabia, sarna, senilidad, síntomas de resfriado, trastornos gástricos, tos ferina y tuberculosis —éstas son sólo algunas de las enfermedades para cuyo tratamiento se ha utilizado el ajo en algún momento u otro de su dilatada historia.

Los egipcios, los primeros en practicar la medicina tal como hoy la conocemos, describieron en su farmacopea numerosas curas basadas en el ajo, que fueron adaptadas por Hipócrates, el Padre de la Medicina —quien reconoció su valor como diurético y laxante—, y por Dioscórides, cuyos textos médicos constituyeron las obras de referencia obligada hasta finales de la Edad Media. (Uno de los últimos específicos más atractivos consistía en una combinación de ajo, hojas de parra y comino que se utilizaba a modo de emplasto para mordeduras de ratón.) En su libro *Naturalis Historia*, Plinio recoge no menos de 61 remedios con ajo. El Talmud recomienda su aplicación para los dolores de muelas y oídos; se piensa que los chinos lo empleaban con fines medicinales desde el 2000 a.C.; en la India, el sistema de medicina del Yayurveda con cinco mil años de antigüedad incluye curas a base de ajo para malestares tales como la acedía, la ronquera y el tifus, que aún sigue propagándose.

Durante la Edad Media, los herbarios —el de Thomas Culpepper probablemente sea el más conocido— alcanzaron gran popularidad y difusión, especialmente tras la invención de la imprenta. Repletos de remedios y conocimientos basados en las plantas, en su mayoría relacionados con el ajo, estos tratados combinaban la medicina popular de la época (como el atar dientes de ajo cortados a las plantas de los pies para curar la tos) y un saber progresivo sobre botánica y ciencias naturales con los principios fundamentales de lo que hoy conocemos como homeopatía, naturopatía y herborismo. Su popularidad se prolongó hasta finales del siglo XIX; para entonces la principal corriente médica se había decantado ya por los métodos más "científicos" de una sociedad en plena revolución industrial.

Si bien el ajo fue utilizado en las trincheras durante la Primera Guerra Mundial como antiséptico y antibiótico, y a pesar del firme apoyo de las autoridades soviéticas —para cuyo pueblo constituía un remedio tan popular y aceptado que en ocasiones se le ha dado el nombre de "penicilina rusa"— ha sido sólo durante los últimos 30 años aproximadamente cuando las aplicaciones médicas del ajo han comenzado a cobrar, o mejor dicho, a recobrar valor.

Es demasiado pronto para decir si el ajo constituye realmente la panacea casi universal tal como lo consideraban los antiguos, sin embargo las pruebas obtenidas

Superior: Estos dos hombres chinos realizan sus ejercicios matinales antes de acudir al restaurante Tong Reng Ran, donde las comidas se piden en función del estado físico, no de un menú. Todos los alimentos son herbarios y muchos incluyen ajo.

hasta ahora indican con firmeza su eficacia para controlar los niveles de colesterol en la sangre, destruir numerosas clases de bacterias nocivas, facilitar la digestión, circulación y respiración y actuar como posible agente anticancerígeno.

Resulta una ironía agradable el hecho de que un país tan avanzado tecnológicamente como Japón —hoy en día a la vanguardia de la investigación sobre el ajo— continúe explorando un terreno conocido desde hace 5.000 años.

EL AJO EN LA HISTORIA

El olor del ajo ha impregnado la historia de los últimos 6.000 años, o más aún, si contemplamos la creencia mahometana según la cual cuando un Satán triunfante abandonó el Jardín de Edén, brotaron cebollas de su huella derecha y ajos de la izquierda. (Por su parte, los aliófilos incondicionales sostienen que el ajo fue el fruto prohibido causante de todos los problemas iniciales.) Tal vez haya unos pocos iletrados que se empeñen en considerar el ajo como un aroma confinado preferiblemente al Metro de París o a algún que otro antro de comida rápida propiedad de la Mafia, pero ¿qué otro condimento ha supuesto tanto para tantas personas durante tanto tiempo?

El ajo, presumiblemente originario del desierto siberiano, fue introducido en Egipto vía Asia Menor por tribus nómadas, y desde allí retrocedió a través de la India por las rutas comerciales hacia el este de Asia y, posteriormente, hacia el oeste con destino a Europa. Los comerciantes fenicios y navegantes vikingos lo llevaban consigo para fortalecerse en sus travesías y tratar cualquier enfermedad

INTRODUCCIÓN

que pudiera sobrevenirles durante el viaje.

Para todas estas culturas, ya fueran indios o egipcios, babilonios, griegos, rusos, hebreos o chinos, el ajo constituía un elemento casi tan relevante en sus vidas diarias como la sal. De haberse mostrado las clases dirigentes romanas menos afectadas acerca del carácter picante tan apreciado por el vulgo, tal vez hoy en día recibiríamos un "aliario" (derivado de "*allium*", ajo) en lugar de un "salario" (derivado de sal). En el Antiguo Egipto bastaban quince libras para comprar a un esclavo y, hasta mediados del siglo XVIII, los siberianos lo utilizaban para pagar sus impuestos: quince bulbos por hombre, diez por mujer y cinco por niño.

Para los egipcios, el bulbo aliáceo representaba el cosmos, sus pieles externas las diversas etapas del cielo y el infierno, y la disposición de los dientes el sistema solar. Su consumo, por ende, simbolizaba la unión del hombre y el universo, y nutría no sólo el cuerpo sino también el espíritu. No es de extrañar que los constructores de las pirámides se declararan en huelga cuando les fue retirada su ración habitual de ajo.

En tiempos de Horacio, se desaprobaba el ajo en los hogares de las clases altas romanas, si bien el pueblo lo consumía en grandes cantidades. El ajo se hizo especialmente popular entre el ejército, cuyos soldados lo plantaban allí donde fueran, y pronto se convirtió en un símbolo de la vida militar; a cualquier hombre joven de buena familia que deseara alistarse le recomendaban "*Allia ne comendas*", no comas ajo.

Una especialidad culinaria a base de ajo propia de aquella época era *moretum*, una mezcla de ajo majado, hierbas y corteza de queso. Este sustancioso y sin duda extremadamente picante predecesor del alioli fue inmortalizado en el poema de Virgilio del mismo nombre.

Marco Polo relataba que los chinos se servían del ajo para conservar la carne cruda así como para desintoxicar cualquier pieza que se estropeara, y en tal caso disfrazar su sabor, mientras que los egipcios lo utilizaban como parte del proceso de momificación, y lo enterraban con los difuntos. En la tumba de Tutankhamon se encontraron seis dientes de ajo y en varios emplazamientos funerarios prefaraónicos se han descubierto figuras de arcilla pintadas que representan bulbos de ajo, colocadas allí para ahuyentar cualquier espíritu maligno que pudiera perturbar el viaje del alma al más allá. Los cuerpos hallados en los sepulcros de Tebas llevaban collares de ajo por una razón similar.

Los poderes protectores del ajo contra los espíritus malignos, en particular el mal de ojo, también se aplicaban a los vivos. En el Egipto actual se celebra aún un festival conocido como "aspirar las brisas" durante el cual el ajo se consume, se lleva y se machaca en los marcos de las puertas y en los alféizares de las ventanas para combatir las fuerzas del mal.

EL AJO DE LOS CUATRO LADRONES

Durante la peste de 1721 de Marsella, se dice que una ambiciosa banda de malhechores se hicieron ricos robando los cadáveres de sus víctimas; para protegerse de la infección que les rodeaba bebían vino en cuyo interior había macerado ajo majado. Posteriormente esta mezcla pasó a ser conocida como *Vinaigre des Quatres Voleurs* y se convirtió en un remedio popular para tratar trastornos respiratorios e intestinales.

Su eficacia en este terreno fue probada, para su propia satisfacción, por los antiguos judíos. Si se dejaba por la noche un diente de ajo pelado y cortado y aparecía ennegrecido, era un signo inequívoco de que había absorbido todos los "demonios" del ambiente, y no sólo los "demonios" místicos: los judíos de la Edad Media solían llevar ajo en el bolsillo en los tiempos de la peste para deshacerse después del talismán "infectado". Habían adquirido el gusto por el ajo, así como por la tradición que lo acompañaba, a lo largo de su permanencia en Egipto y cuenta la Biblia cómo lamentaron su falta durante su errar en el desierto (Libro de los Números, Capítulo XI), mientras que el Talmud afirma con entusiasmo que "satisface, templa el cuerpo, ilumina el rostro, incrementa el líquido seminal y elimina las lombrices intestinales. Algunos agregan que incita al amor y disipa la enemistad... por el sentimiento de bienestar que engendra". Tal pasión por el ajo les valió un apodo romano, "los pestilentes", tal vez una de las primeras excusas para el antisemitismo.

Allí donde el ajo se hacía popular, actuaba como un indicador de clases, despreciado de inmediato por las capas ascendentes, la aristocracia y, en algunos casos, el clero, pero acogido con entusiasmo como alimento y remedio medicinal por las masas, lo que dio pie al político y químico francés Raspail a bautizarlo con el nombre de "la triaca de los pobres". La certeza de tal presunción pudo verse confirmada a raíz de un suceso fatídico ocurrido durante una epidemia en 1608, cuando varios sacerdotes franceses visitaron Londres para consolar a los enfermos sin que llegaran a contagiarse, debido al ajo que consumían, mientras que muchos de sus colegas ingleses perecieron.

En la actualidad, la presencia de esta "rosa fétida" resulta familiar en cocinas, jardines y aparadores medicinales de todo el mundo. Olvidado ya su carácter divisivo, el ajo se presenta hoy día como el gran catalizador, un destello creativo que une a los amantes de la buena cocina en todo el mundo. Este libro es un aperitivo. Disfrútelo a fondo.

SOPAS Y APERITIVOS

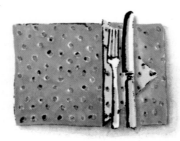

Página derecha: Palitos de ajo (*vea página 14*)

PALITOS DE AJO

INGREDIENTES

PARA 20 UNIDADES

225 g de masa de hojaldre

el jugo de 2–3 dientes de ajo

50 ml de leche

1 cucharadita de pimentón

1 cucharada de queso parmesano

sal y pimienta de Cayena

temperatura del horno
220 °C

PREPARACIÓN

♦ Extienda con el rodillo la masa de hojaldre sobre una tabla enharinada para formar un rectángulo lo más fino posible.
♦ Añada el jugo de ajo a la leche y con la mitad de ésta pinte la masa.
♦ Mezcle el pimentón y el parmesano y sazone con un poco de sal y pimienta de Cayena. Esparza la mitad de esta mezcla sobre la mitad de la masa.
♦ Doble la masa y extiéndala lo más fina posible.
♦ Repita toda la operación con la cantidad restante de leche con ajo y la mezcla de parmesano y forme un rectángulo de 0,5 cm de grosor como máximo. Píntelo con leche y córtelo en tiras de 1 cm de ancho y 15 cm de longitud.
♦ Disponga los palitos, con una separación de 2,5 cm como mínimo, sobre placas para el horno engrasadas y hornéelos de 7 a 10 minutos o hasta que hayan aumentado de volumen y estén dorados.

—————————— PARA SERVIR ——————————

Sírvalos calientes, colocados uno encima del otro, a modo de cabaña de troncos.

HALOUMI AL AJO FRITO

INGREDIENTES

PARA 16 UNIDADES

*225 g de haloumi, a la venta
en la mayoría de tiendas
especializadas en productos griegos*

3–4 dientes de ajo majados

*1 cucharada de hierbas mixtas
frescas, picadas y desmenuzadas*

275 ml de aceite de oliva

PREPARACIÓN

♦ Corte el queso en dados de 2,5 cm y dispóngalos en una fuente llana para soufflés en una sola capa.
♦ Espolvoree por encima el ajo majado y las hierbas y rocíe de aceite los dados de queso hasta cubrirlos.
♦ Tape la fuente con un plato y déjelo reposar en un lugar fresco durante 12 horas como mínimo a fin de que los aromas del ajo y las hierbas penetren en el queso.
♦ Para cocinar el haloumi, escurra el aceite con ajo y utilice unas cuantas cucharadas para freír el queso hasta que se dore por completo, unos 6 minutos.

—————————— PARA SERVIR ——————————

Sírvalo de inmediato con palillos finos.
Una vez colado, el aceite restante resulta ideal para aderezar ensaladas, marinar y freír.

—————————— VARIANTE ——————————

Para servirlo como primer plato, corte el haloumi en lonchas de 0,5 cm, marínelo, fríalo y sírvalo con salsa de uvas espina.

FRUTOS SECOS CON MANTEQUILLA AL AJO

INGREDIENTES

*225 g de almendras, anacardos o
cacahuetes, o una mezcla*

25 g de mantequilla

15 ml de aceite

2–3 dientes de ajo majados

sal gema

PREPARACIÓN

♦ Despegue y retire las pieles de las almendras vertiendo sobre ellas
agua hirviendo y posteriormente agua fría. Pele los cacahuetes.
♦ Derrita la mantequilla y el aceite con el ajo en una sartén pesada
y tueste en ella los frutos secos a fuego medio de 3 a 5 minutos o hasta
que estén crujientes y dorados.
♦ Déjelos escurrir sobre papel de cocina y espolvoréelos con sal gema.
Sírvalos calientes.

VARIANTE

Para preparar un plato de frutos secos al ajo muy picantes, añada un
poco de cayena a la sal gema.

SERPENTINAS DE PATATA

INGREDIENTES

PARA 4 PERSONAS

2 patatas grandes

2 dientes de ajo troceados

100 g de mantequilla

1 cucharada de queso parmesano

sal y pimienta

pimentón

temperatura del horno
220 °C

PREPARACIÓN

◆ Pele las patatas y córtelas en rodajas de 2 cm. Pele cada rodaja en redondo para obtener una tira larga y delgada.

◆ Sumerja las tiras en agua helada durante 1 hora como mínimo. Escúrralas y déjelas secar.

◆ Rehogue el ajo con mantequilla en una sartén hasta que se vuelva transparente y retírelo.

◆ Retire la sartén del fuego, bañe las tiras de patata con la mantequilla de ajo caliente y dispóngalas sobre una bandeja de horno.

◆ Esparza por encima el queso parmesano y sazónelas con sal, pimienta y un poco de pimentón.

◆ Hornéelas hasta que estén crujientes y bien doradas, entre 7 y 12 minutos.

◆ Sírvalas calientes.

———————VARIANTE———————

Fría en abundante aceite las tiras secadas, déjelas escurrir sobre papel de cocina y espolvoréelas con sal de ajo. Sírvalas al instante.

ALBÓNDIGAS PICANTES

INGREDIENTES

PARA 4–6 PERSONAS

450 g de carne picada de ternera
1 cebolla pequeña, rallada
50 g de pan blanco rallado
2–3 dientes de ajo majados
2 cucharaditas de concentrado de tomate
1 cucharadita de azúcar
1 cucharadita de pimentón
2 gotas de tabasco
1 cucharada de hierbas mixtas frescas
1 huevo batido
sal y pimienta
50 g de harina sazonada
50 g de mantequilla
30 ml de aceite
225 ml de yogur espeso
1 cucharada de cebollino picado
1 cucharada de perejil picado

PREPARACIÓN

♦ Mezcle la carne, la cebolla, el pan rallado, el ajo, el concentrado de tomate, el azúcar, el pimentón, el Tabasco, las hierbas y el huevo, y salpiméntelo todo.

♦ Forme con la mezcla albóndigas del tamaño de una canica grande y páselas por la harina sazonada.

♦ Fríalas en mantequilla y aceite de 5 a 10 minutos. Déjelas escurrir sobre papel de cocina y manténgalas calientes.

♦ Para preparar la salsa mezcle el yogur, el cebollino y el perejil y añada sal y pimienta.

PARA SERVIR

Sirva las albóndigas con palillos finos y la salsa de yogur.

MEDIAS LUNAS RELLENAS

INGREDIENTES

PARA 25–30 UNIDADES

2 cebollas medianas picadas finas

22 ml de aceite

1¹/₂ cucharaditas de cúrcuma

1 cucharadita de cilantro molido

¹/₂ cucharadita de comino molido

¹/₂ cucharadita de pimentón

¹/₂ cucharadita de garam masala

una pizca de pimienta de Cayena
o guindilla en polvo

3 dientes de ajo majados

100 g de zanahoria rallada

¹/₂ cucharadita de azúcar

350 g de carne picada de ternera

175 g de arroz cocido

sal y pimienta

350 g de masa de hojaldre

45 ml de leche

temperatura del horno
220 °C

PREPARACIÓN

Una versión para cócteles de las empanadillas antillanas.

♦ Rehogue las cebollas en aceite caliente con todas las especias, salvo media cucharadita de cúrcuma, removiendo bien durante unos minutos.

♦ Agregue el ajo, la zanahoria y el azúcar y cuézalo todo a fuego lento 10 minutos más o hasta que la cebolla se vuelva transparente.

♦ Incorpore la carne picada y remueva a fuego medio durante 7 minutos o hasta que la carne pierda su color rosado.

♦ Añada removiendo el arroz cocido y condimente al gusto. Déjelo enfriar.

♦ Extienda la masa sobre una tabla bien enharinada. Corte discos de 7,5 cm de diámetro con un vaso o un cortapastas para galletas.

♦ Forme una bola con los recortes de masa y extiéndala de nuevo. Apile los discos con un poco de harina entre sí y guárdelos en el frigorífico.

♦ Rellene las empanadillas con una cucharadita generosa de relleno de carne colocada a un lado del centro de cada disco. Humedezca los bordes y doble la masa para formar un semicírculo. Selle los bordes humedecidos con un tenedor y pinche la parte superior.

♦ Disuelva la cúrcuma restante en un poco de agua caliente y la leche.

♦ Disponga las empanadillas rellenas en placas para el horno engrasadas, píntelas con la leche de cúrcuma y hornéelas hasta que estén crujientes y doradas.

♦ Sírvalas calientes.

TAPENADE AL AJO

INGREDIENTES

PARA 6 PERSONAS

100 g de aceitunas negras

2–3 dientes de ajo troceados

75 g de anchoas de lata

15 g de alcaparras

100 ml de aceite de oliva

1 baguette mediana, cortada en rebanadas finas

PREPARACIÓN

♦ Deshuese y trocee las aceitunas y mézclelas con el ajo, las anchoas y las alcaparras, añadiendo poco a poco el aceite.

♦ Tueste el pan por un lado. Unte la parte sin tostar con una capa gruesa de la mezcla y caliéntelo bajo una parrilla hasta que los bordes estén bien dorados. Sírvalo de inmediato.

VARIANTE

Esta mezcla puede servirse también sobre bastones de pan tostados con mantequilla.

CRUDITÉS

Una selección de hortalizas crudas y frescas servidas con una variedad de salsas frías constituye un vistoso aperitivo antes de la comida o un plato completísimo para la cena. Calcule de 100 a 175 g de hortalizas y de 50 a 75 g de salsa por persona. Los contrastes de color, aroma y textura tienen gran importancia, de modo que conviene servir como mínimo 3 tipos de hortalizas diferentes y 2 clases de salsas. Naturalmente, cuanto mayor es el número de comensales, más nutrida puede ser la variedad, aunque dado que el sabor del ajo desagrada a algunas personas, se recomienda contar con una salsa suave como la de yogur y cebollino servida con las albóndigas picantes (vea página 17).

Hortalizas recomendadas: zanahorias, calabacines, apio y pepinos cortados en bastones estrechos, tiras de pimiento rojo, verde o amarillo, ramilletes de coliflor, rábanos, cebolletas pequeñas o escalonias; champiñones pequeños crudos y tomates "cherry". Los dados de melón o de pera en palillos finos resultan también deliciosos, especialmente acompañados de mayonesa con ajo.

Salsas recomendadas: alioli (v. p. 54), alioli verde (v. p. 54), pesto (v. p. 54), taramasalata auténtica (v. p. 30), guacamole (v. p. 40), ganoug ganoug (v. p. 41), mayonesa con ajo —casera o envasada condimentada con puré de ajo (v. p. 113) o jugo de ajo al gusto—, requesón reblandecido con un poco de leche o nata líquida y condimentado con un poco de ajo majado, cebollino y perejil.

SOPA DE AJO ÁRCADE

INGREDIENTES

PARA 4–6 PERSONAS

15–20 dientes de ajo sin pelar

75 ml de aceite de oliva

1 l de caldo de pollo o de ternera

2 cucharaditas de tomillo fresco

½ cucharadita de sal

pimienta blanca

3 yemas de huevo

PARA SERVIR

rebanadas de baguette o tostadas

queso rallado

PREPARACIÓN

En su poema del apasionado pastor a su amada, el poeta Virgilio menciona "una arómatica sopa de ajo majado y tomillo silvestre para los segadores agotados por el calor abrasador". Me puedo imaginar que era ésta la clase de sopa en la que pensaba.

♦ Blanquee el ajo durante 1 minuto, escúrralo y pélelo. Rehóguelo, sin dejar que se dore, con la mitad del aceite durante 10 minutos. Añada el caldo, el tomillo, la sal y abundante pimienta blanca. Déjelo hervir todo 30 minutos y rectifique la condimentación.

♦ Tamice o bata la sopa, dejando unos cuantos dientes de ajo enteros. Devuelva la sopa al cazo y manténgala caliente.

♦ Bata las yemas de huevo y agregue gradualmente el aceite restante. Incorpore un par de cucharadas de sopa a la mezcla de huevo, aparte la sopa del fuego y añada el huevo en un chorrito, removiendo bien.

——————— PARA SERVIR ———————

Sírvala de inmediato en cuencos individuales, con rebanadas de baguette o tostadas y espolvoreada de queso rallado.

——————— VARIANTE ———————

Suprima el aceite y la mezcla de yemas de huevo y escalfe seis huevos frescos en la sopa hirviendo sin tamizar.

CREMA DE AJO Y CHAMPIÑONES

INGREDIENTES

PARA 3–4 PERSONAS

2 cabezas de ajo (unos 25 dientes)

225 g de champiñones pequeños, limpios y partidos por la mitad

75 g de mantequilla

1 cucharadita de tomillo fresco

25 g de harina

150 ml de caldo de pollo

150 ml de leche

75 ml de nata líquida

sal y pimienta

PARA SERVIR

2 cucharadas de perejil, picado

50 g de champiñones pequeños, cortados en láminas finas

PREPARACIÓN

◆ Separe los dientes de ajo y blanquéelos en agua hirviendo durante 1 minuto, escúrralos y pélelos.

◆ Haga sudar los champiñones en mantequilla durante 5 minutos. Destape la cazuela y déjela a un lado.

◆ Agregue el ajo y el tomillo a la mantequilla y los jugos de los champiñones y cuézalo todo tapado a fuego lento de 10 a 15 minutos hasta que los dientes de ajo estén tiernos.

◆ Añada la harina y prolongue la cocción unos minutos más. Suba el fuego e incorpore el caldo y la leche poco a poco removiendo cada vez. Deje hervir durante 10 minutos.

◆ Agregue los champiñones y déjelos hervir otro minuto más para que se calienten por completo.

◆ Aparte la sopa del fuego, incorpore la nata y salpimiente al gusto.

——————— PARA SERVIR ———————

Sirva esta crema espolvoreada de perejil picado y con champiñones crudos cortados en láminas finas para darle textura.

CALDO DE POLLO AL LIMÓN CON ALBÓNDIGAS DE HIERBAS

INGREDIENTES

PARA 6 PERSONAS

100 g de pan blanco rallado

1 diente de ajo majado

1 cucharada de perejil, picado fino

1 cucharadita de eneldo, picado fino

1 cucharadita de hierbas mixtas frescas

sal y pimienta

1 huevo batido

un poco de harina sazonada

1 l de caldo de pollo fuerte

el zumo de 2 limones grandes

PARA SERVIR

6 ramitas de eneldo fresco

6 rodajas de limón

PREPARACIÓN

Este exquisito caldo con albóndigas a las hierbas y ajo está inspirado en el mejor Avgolemono *(sopa griega de pollo y limón) que jamás haya probado, preparado por la corpulenta propietaria de un diminuto restaurante familiar situado entre las callejuelas de Rodas.*

◆ Prepare las albóndigas mezclando el pan rallado, el ajo, el perejil, el eneldo y las hierbas mixtas. Salpimiente la mezcla y añada suficiente cantidad de huevo batido para formar una masa blanda.

◆ Forme con la mezcla albóndigas del tamaño de una canica grande y páselas por la harina sazonada.

◆ Lleve el caldo a ebullición y hierva en él las albóndigas entre 5 y 8 minutos.

◆ Apártelo del fuego, agregue el zumo de limón y rectifique de sal y pimienta.

——————— PARA SERVIR ———————

Añada una ramita de eneldo y una rodaja de limón en cada cuenco.

Página derecha: Crema de ajo y champiñones (vea receta superior)

SOPA DE LECHUGA AROMÁTICA

INGREDIENTES

PARA 4–6 PERSONAS

6 dientes de ajo sin pelar

2 lechugas arrepolladas grandes

45 g de cebolla picada muy fina

35 g de mantequilla

25 g de harina

½ cucharadita de azúcar

sal y pimienta

825 ml de leche o de leche y agua
mezcladas

2 yemas de huevo

45 ml de nata líquida

PARA SERVIR

1 cucharada de perejil, menta o
cebollino fresco picado

costrones de ajo al horno
(vea página 104)

PREPARACIÓN

♦ Sumerja los dientes de ajo sin pelar en agua hirviendo y déjelos hervir durante 8 minutos. Escúrralos, pélelos y trocéelos.

♦ Lave la lechuga y córtela muy fina. Cuézala a fuego lento junto con las cebollas en mantequilla durante 5 minutos.

♦ Agregue el ajo sancochado y prolongue la cocción 5 minutos más.

♦ Apártelo todo del fuego y añada la harina, el azúcar y un poco de sal y pimienta. Devuélvalo al fuego e incorpore la leche. Llévelo todo a ebullición y déjelo hervir durante 15 minutos, o hasta que las verduras estén tiernas.

♦ Tamice o bata la sopa y pásela de nuevo al cazo. Rectifique de sal.

♦ Mezcle las yemas de huevo y la nata, añádalo a la sopa y caliéntela justo por debajo del punto de ebullición (si hierve, las yemas de huevo formarán hebras).

PARA SERVIR

Espolvoree por encima perejil, menta o cebollino fresco y picado en cada cuenco de sopa y sírvala con costrones de ajo al horno.

VARIANTE

Para intensificar el sabor de la sopa, añada un puñado de hojas de berro picadas gruesas a la lechuga cocida.

SOPA DE PESCADO

INGREDIENTES

PARA 6 PERSONAS

225 g de restos de pescado

1 manojo grande de perejil

2–3 ramitas de eneldo fresco

1 l de agua

1 cebolla mediana troceada

275 ml de vino blanco, o vino
y agua mezclados

2 dientes de ajo sin pelar

350 g de patatas peladas

1 puerro pequeño (sólo la parte
blanca)

½ cucharada de concentrado de
tomate

2 claras de huevo

1 cucharada de queso parmesano

5 ml de jugo de ajo

sal y pimienta negra

PARA SERVIR

18 gambas peladas

PREPARACIÓN

♦ Ponga a hervir los restos de pescado, el perejil, el eneldo, el agua, la cebolla y el vino blanco con un poco de sal y pimienta durante 30 minutos.

♦ Corte las patatas en dados de 2 cm y el puerro en rodajas de 1 cm.

♦ Cuele el caldo de pescado en un cazo limpio y añada las patatas, el puerro y el concentrado de tomate. Déjelo hervir todo de 15 a 20 minutos, hasta que esté cocida la patata.

♦ Tamice o bata la sopa hasta que quede homogénea. Pásela de nuevo al cazo y salpimiéntela al gusto. Llévela a ebullición a fuego lento.

♦ Monte las claras de huevo a punto de nieve con una pizca de sal. Incorpore el queso parmesano, el jugo de ajo y un poco de pimienta blanca.

♦ Vierta unas cucharadas de la mezcla de claras de huevo en la sopa hirviendo y déjela cocer 5 minutos o hasta que adquiera consistencia.

— PARA SERVIR —

Sírvala de inmediato con 3 gambas en cada cuenco.

—VARIANTE—

Para preparar una sopa más sencilla, suprima la mezcla de claras de huevo, añada 15 ml de nata líquida en cada cuenco de sopa y sírvala con costrones de ajo al horno (vea página 32).

GAZPACHO

INGREDIENTES

PARA 8 PERSONAS

*4 rebanadas gruesas de pan blanco
sin corteza*

60 ml de aceite de oliva

*15 ml de vinagre de hierbas o
de vino tinto*

4 dientes de ajo picados

1 cucharadita de azúcar

*1 kg de tomates maduros, sin piel ni
semillas y picados*

*2 pimientos rojos, sin semillas
y picados*

1 cebolla mediana picada

1 pepino pequeño picado

sal y pimienta

agua helada

cubitos de hielo (opcional)

PREPARACIÓN

*Esta sopa fría de verano, tan saciante como refrescante, puede convertirse en
un plato tan completo como se desee dependiendo de la guarnición elegida.*

♦ Desmigue el pan y añada el aceite, el vinagre, el ajo y el azúcar.
Agregue los tomates, los pimientos, la cebolla y el pepino y tamice o
bata la mezcla sin dejar que quede demasiado homogénea.

♦ Sazónela con abundante sal y pimienta y dilúyala con agua helada
hasta obtener la consistencia deseada.

♦ Si hace un día realmente caluroso, añada unos cubitos de hielo en
cada cuenco de sopa.

♦ El gazpacho puede acompañarse con una o varias de las
guarniciones indicadas a continuación: trocitos de pimientos verdes y
rojos, daditos de pepino, una cucharada de alioli (vea página 54),
yogur espeso, mayonesa o crema agria, costrones de ajo al horno (vea
página 32), aceitunas negras deshuesadas, trocitos de huevo duro,
dados de tomate, cebolletas o escalonias picadas y trocitos de cebolla.

BOUILLABAISSE

INGREDIENTES

PARA 8 PERSONAS

1 kg de pescado

225 g de marisco

60 ml de aceite de oliva

1 cebolla grande picada gruesa

4 dientes de ajo majados

450 ml de vino

1 cucharada de hierbas mixtas frescas

una pizca de hebras de azafrán (opcional)

350 g de tomates, sin piel ni semillas y troceados

1 cucharadita de azúcar

sal y pimienta

un poco de pimienta de Cayena

PARA SERVIR

16 rebanadas de baguette fritas en aceite o en mantequilla al ajo clarificada (vea página 61)

PREPARACIÓN

La cocina mediterránea ofrece numerosas variantes de esta sustanciosa sopa, que constituye prácticamente un guiso de pescado. La única constante consiste en utilizar la mayor variedad posible de distintos tipos de pescado.

♦ Limpie el pescado y córtelo en trozos iguales; el pescado pequeño se deja entero. Raspe las almejas o los mejillones y elimine las barbas. Pele las gambas y, si usa vieiras, extraiga la carne y divídala en dos.

♦ Separe el pescado en dos fuentes, una destinada al pescado de carne dura y otra para las variedades de carne blanda. Aparte los calamares y cualquier otro molusco que segregue tinta.

♦ Rehogue la cebolla en un cazo grande hasta que se dore. Agregue el ajo y déjelo freír unos minutos. Añada el vino, las hierbas y el azafrán.

♦ Déjelo hervir todo 5 minutos, agregue los calamares o los moluscos con tinta y a los 10 minutos añada el pescado de carne dura y déjelo cocer todo 10 minutos más. Incorpore el pescado de carne blanda y déjelo hervir hasta que esté casi cocido. Tal vez sea preciso añadir un poco de agua para que el pescado siga estando cubierto de líquido.

♦ Añada los tomates, el marisco preparado y el azúcar, y sazone con sal, pimienta y un poco de pimienta de Cayena. Prolongue la cocción 5 minutos más para que los moluscos tengan tiempo de abrirse.

— PARA SERVIR —

Sirva la sopa con el pan frito y una cucharada de alioli en cada cuenco.

ENTRANTES

Página derecha: Taramasalata auténtica (*vea* página 30)

TARAMASALATA AUTÉNTICA

INGREDIENTES

PARA 4 PERSONAS

50 g de pan blanco sin corteza

225 g de huevas de bacalao ahumadas

2 dientes de ajo majados

90 ml de aceite de oliva

zumo de limón al gusto

PREPARACIÓN

Lo único que tiene en común esta exquisita creación con la taramasalata comercializada, rosa y salada es el nombre. Sólo merece la pena preparar este plato si es posible conseguir huevas de bacalao ahumadas frescas, de color rojo oscuro y con venas por fuera y rosa rojizo por dentro. Las huevas de bacalao en latas y tarros siempre resultan extremadamente saladas.

◆ Reblandezca el pan en agua y escúrralo.
◆ Limpie el bacalao y mézclelo junto con el pan y el ajo.
◆ Añada gradualmente el aceite de oliva, removiendo, y añada el zumo de limón al gusto.
◆ Sirva esta crema con rodajas de limón y pan pita griego, o a modo de cobertura sobre unas patatas al horno.

—————VARIANTE—————

La taramasalata puede prepararse también en una batidora, si bien la textura resultará más ligera y espesa, y será preciso aclarar la mezcla con un poco de nata líquida o más zumo de limón.

Para elaborar pasta de huevas de bacalao, suprima el pan y utilice la mitad de las cantidades de aceite y ajo. Extienda capas finas sobre bastones tostados de pan integral y sírvalos con rodajas de limón.

SORBETE DE TOMATES

INGREDIENTES

PARA 4 PERSONAS

2 tomates carnosos grandes

sal

2 dientes de ajo majados

pimienta negra recién molida

un manojo generoso de hojas de menta fresca

el zumo de 1 limón grande

2 cucharaditas de azúcar

2 claras de huevo

PARA SERVIR

ramitas de menta

PREPARACIÓN

◆ Parta los tomates horizontalmente, vacíelos y reserve las semillas y el corazón.
◆ Espolvoree el interior de los tomates vaciados con un poco de sal y póngalos boca abajo para que escurran.
◆ Unte el interior de cada tomate con el ajo majado y añada abundante pimienta.
◆ Pase las semillas y los corazones de los tomates por un tamiz para extraer el jugo, y mézclelo con agua hasta obtener 150 ml de líquido.
◆ Bata las hojas de menta junto con el zumo de tomate y de limón y el azúcar. La mezcla no debe quedar demasiado homogénea.
◆ Viértala en una bandeja de cubitos de hielo y déjela en el congelador una hora, hasta que cristalice pero aún esté ligeramente blanda.
◆ Monte las claras de huevo a punto de nieve con un par de pizcas de sal y revuélvalas con la mezcla de menta semicongelada. Déjela en el congelador hasta que se solidifique, removiendo de vez en cuando.

————— PARA SERVIR —————

Rellene de sorbete los tomates y adórnelos con una ramita de menta.

BOLLOS DE CARACOLES

INGREDIENTES

PARA 4 PERSONAS

4 panecillos blancos tiernos grandes

3–4 dientes de ajo majados

100 g de mantequilla reblandecida

15 g de cebolletas o escalonias
picadas (sólo la parte verde)

1 cucharada de perejil picado

sal y pimienta

16 caracoles con concha de lata

temperaturas del horno
220 °C y 180 °C

PREPARACIÓN

Para muchas personas, el punto culminante de la experiencia de comer caracoles consiste en mojar pan tierno en la salsa aromática. Servidos de esta manera, los jugos quedan absorbidos por el pan durante la cocción, que se reserva para un final apoteósico. La parte superior de los bollos se puede servir para mojar en salsas.

♦ Corte el tercio superior de cada panecillo y practique cuatro huecos lo suficientemente grandes para que en cada uno de ellos quepa una concha de caracol.

♦ Mezcle el ajo junto con la mantequilla reblandecida, las cebolletas o escalonias y el perejil, y salpimiéntelo todo.

♦ Escurra los caracoles e introduzca cada uno en su concha. Rellene las conchas con la mezcla de mantequilla y ajo.

♦ Coloque cuatro caracoles rellenos en cada panecillo, procurando que se mantengan en posición vertical. Dispóngalos sobre una placa para el horno y hornéelos a temperatura máxima unos 7 minutos o hasta que se haya derretido la mantequilla y los caracoles se hayan calentado por completo.

♦ Cúbralos con la parte superior de los panecillos y caliéntelos a temperatura baja, mientras los invitados toman asiento, y sírvalos.

Ensalada caliente de hígado de pollo y costrones de ajo

INGREDIENTES

PARA 4–6 PERSONAS

45 ml de aceite de oliva

2 dientes de ajo majados

1 lechuga romana o iceberg
cortada en trozos

225 g de hojas de espinacas tiernas
frescas, cortadas en trozos

6 lonchas de tocino entreverado,
cortadas en trozos de 1 cm

3 rebanadas de pan blanco, cortadas
en dados de 1 cm

350 g de hígado de pollo

2 cucharaditas de azúcar

15 ml de vinagre de ajo (vea
página 112) o vinagre de vino

1 cucharada de cebollino picado
muy fino

PREPARACIÓN

♦ En una sartén, rehogue ligeramente el ajo en el aceite, sin que se dore.

♦ Mezcle la lechuga y las espinacas en una ensaladera o en cuencos individuales y resérvelas.

♦ En otra sartén, fría el tocino hasta que esté crujiente, escúrralo sobre papel de cocina y manténgalo caliente.

♦ Fría el hígado de pollo en la grasa del tocino durante 5 minutos aproximadamente o hasta que se endurezca y se dore por fuera, pero conserve el color rosado en el medio. Escúrralo y manténgalo caliente.

♦ Fría los dados de pan en el aceite con ajo hasta que queden dorados y crujientes. Escúrralos y manténgalos calientes.

♦ Caliente la grasa del tocino y añada el azúcar y el vinagre. Cocínelo a fuego lento hasta que se disuelva el azúcar.

♦ Disponga el hígado de pollo y el tocino sobre la lechuga y las espinacas. Rocíe por encima el aderezo caliente y sirva la ensalada en seguida, cubierta con los costrones de ajo y el cebollino.

TARTE MARIE-ODILE

INGREDIENTES

PARA 4–6 PERSONAS

175 g de harina

una pizca de sal

1 cucharadita de pimentón

2 pizcas de pimienta de Cayena

100 g de mantequilla reblandecida

1 cucharada de queso parmesano

1 yema de huevo

*850 g de ratatouille (vea
página 92), enfriada y escurrida*

3 cucharadas de crema agria

50 g de aceitunas negras

1 cucharada de perejil, picado grueso

temperatura del horno
200 °C

PREPARACIÓN

♦ Tamice la harina junto con la sal, el pimentón y la pimienta de Cayena. Mézclelo todo con la mantequilla reblandecida hasta que adquiera la consistencia del pan rallado fino.

♦ Añada el parmesano y la yema de huevo y, si la masa resulta demasiado dura y desmigada, agregue un poco de agua fría.

♦ Introduzca la masa, presionándola, en un molde llano para pasteles o en una tartera de 22 cm de diámetro. Cubra el recipiente con papel de aluminio y legumbres secas y déjelo en el horno durante 20 minutos.

♦ Retire el papel de aluminio y hornee nuevamente la masa durante 5 minutos más para que se dore.

♦ Mientras esté aún caliente, desmolde la base de la tarta y póngala a enfriar sobre una rejilla.

♦ Coloque la base en una fuente vistosa y rellénela con la ratatouille enfriada y escurrida. Vierta por encima la nata en espiral, adorne con las aceitunas y espolvoree con el perejil.

♦ Sirva la tarta en seguida o la masa se ablandará.

Crêpes con Gambas

INGREDIENTES

PARA 4–6 PERSONAS

675 g de gambas cocidas con
la cáscara

el zumo de medio limón

una cebolla pequeña cortada
en cuartos

2 dientes de ajo troceados

275 ml de vino blanco seco

$^1/_2$ cucharadita de eneldo

$^1/_2$ hoja de laurel

3–4 tallos de perejil

una ramita de tomillo

90 g de mantequilla

115 g de harina

275 ml de leche

150 ml de nata líquida

sal y pimienta blanca

PREPARACIÓN

♦ Lave las gambas y pélelas. Tape la carne y guárdela en el frigorífico. Ponga a hervir la mitad de las cáscaras, el zumo de limón, la cebolla, el ajo, el vino y las hierbas en un cazo grande durante 30 minutos.

♦ Para preparar la masa de las crêpes tamice 100 g de harina con una buena pizca de sal y añada los huevos. Derrita 25 g de la mantequilla e incorpórela a la harina junto con suficiente leche para elaborar una masa espesa. Déjela reposar en la nevera durante 1 hora como mínimo.

♦ Escurra el líquido de las cáscaras de las gambas y redúzcalo, si es preciso, a unos 150 ml.

♦ Derrita 25 g de mantequilla y agregue la harina restante. Remueva a fuego lento, sin dejar que se dore, durante un par de minutos. Añada el caldo de las gambas y déjelo hervir todo 5 minutos más.

♦ Retírelo del fuego y agregue las gambas y la nata. Rectifíquelo de sal y manténgalo caliente.

♦ Para cocinar las crêpes, remueva bien la masa enfriada (quizá deba añadir un poco más de leche). Fría una cucharada en una sartén con mantequilla, y conserve caliente cada crêpe una vez hecha.

♦ Una vez hechas todas las crêpes, rellénelas con la mezcla de gambas y dispóngalas en una fuente para horno untada de mantequilla.

♦ Salpique por encima la mantequilla restante y gratine las crêpes a temperatura baja durante 5 minutos hasta que se calienten.

♦ Sírvalas inmediatamente.

AGUACATES CON COLIFLOR Y BACON

INGREDIENTES

PARA 4 PERSONAS

2 aguacates maduros

100 ml de mayonesa de buena calidad

¹/₂ cucharada de puré de ajo (vea página 113) o 1 diente de ajo majado muy fino

100 g de bacon cortado en trocitos de 1 cm

225 g de ramilletes de coliflor cruda

PREPARACIÓN

♦ Parta los aguacates y deshuéselos. Amplíe y ahonde la cavidad raspando unos 7 g de pulpa de cada mitad.

♦ Mezcle la pulpa extraída de los aguacates con la mayonesa y añada el puré de ajo o el ajo majado.

♦ Ase o fría el bacon hasta que esté crujiente.

♦ Mezcle el aderezo con los ramilletes de coliflor y la mayoría del bacon y rellene con la mezcla las mitades de aguacate.

♦ Trocee el bacon restante y espárzalo por encima del relleno. Sirva los aguacates de inmediato, para evitar que se ennegrezca la pulpa.

VARIANTE

En lugar de mayonesa, utilice 100 ml de alioli (vea página 54) o salsa verde (vea página 56) y suprima el puré de ajo o el ajo majado.

CHAMPIÑONES RELLENOS

INGREDIENTES

PARA 4 PERSONAS

8 champiñones planos grandes

75 g de mantequilla reblandecida

2–3 dientes de ajo picados muy finos

30 g de pan blanco rallado

1 cucharada de perejil picado muy fino

temperatura del horno
180 °C

PREPARACIÓN

♦ Limpie los champiñones y corte los tallos por la parte más próxima posible al sombrerillo.

♦ Mezcle la mantequilla junto con el ajo.

♦ Disponga los champiñones con las laminillas hacia arriba sobre una placa para el horno engrasada y esparza por encima la mezcla de ajo y mantequilla. Cúbralos con papel de aluminio y hornéelos de 15 a 20 minutos o hasta que los champiñones se pongan tiernos.

♦ Retire el papel de aluminio y cubra los champiñones con el pan rallado y el perejil. Áselos a temperatura alta hasta que esté dorado el pan rallado.

ENSALADA CON AJO Y FETA

INGREDIENTES

PARA 4 PERSONAS

450 g de tomates maduros, pelados y cortados en trozos de 2,5 cm

225 g de queso feta, cortado en dados de 2,5 cm

50 g de aceitunas negras deshuesadas

45 ml de aceite de oliva de buena calidad

1–2 dientes de ajo picados muy finos

3 cucharaditas de hojas de albahaca fresca, picadas gruesas

1/2 cucharadita de azúcar

pimienta negra recién molida

PREPARACIÓN

Con pan tierno de corteza dura, esta aromática y refrescante ensalada constituye casi un plato único y, sin el queso, puede servirse como una excelente guarnición.

♦ Mezcle los tomates, el feta y las aceitunas en un cuenco de cristal, y añada el aceite, el ajo, la albahaca y el azúcar.

♦ Espolvoree con abundante pimienta negra recién molida y remueva con cuidado.

♦ Deje la ensalada en un lugar fresco durante 1 hora como mínimo para que se mezclen los distintos sabores antes de servirla.

VARIANTE

Para preparar una ensalada con ajo y mozzarella, corte los tomates en rodajas y dispóngalos intercalados en círculos concéntricos con 225 g de queso mozzarella cortado en lonchas. Rocíelo todo de aceite y esparza por encima el ajo, la albahaca, el azúcar y la pimienta. Decore la ensalada con las aceitunas.

TARTA DE QUESO AL AJO

INGREDIENTES

PARA 6 PERSONAS

225 g de pasta quebrada

1 cabeza de ajo (unos 12 dientes)

un manojo de perejil

un manojo de berros o de espinacas

175 g de requesón

100 ml de nata líquida

3 huevos batidos

sal y pimienta

temperaturas del horno
220 °C y 180 °C

PREPARACIÓN

◆ Forre una tartera de 20 cm de diámetro con la pasta y cúbrala con papel de aluminio. Rellénela con legumbres secas y hornéela en blanco a temperatura máxima entre 10 y 15 minutos hasta que la masa adquiera consistencia.

◆ Retire las legumbres y el papel de aluminio y deje enfriar la base de la tarta.

◆ Ponga a hervir los dientes de ajo sin pelar durante 25 minutos hasta que estén tiernos. Escúrralos y, una vez fríos, redúzcalos a una pasta.

◆ Cueza el perejil y los berros o las espinacas en agua hirviendo de 7 a 10 minutos hasta que estén tiernos. Escúrralo todo y refrésquelo bajo el chorro de agua fría. Elimine el exceso de líquido y píquelo todo muy fino. Mézclelo con la pasta de ajo y salpimiéntelo al gusto.

◆ Extienda la mezcla sobre el fondo de la base de la tarta.

◆ Mezcle el requesón con la nata y un poco de sal y pimienta hasta obtener una masa homogénea. Agregue los huevos batidos.

◆ Viértalo por encima de la pasta de ajo y hornee la tarta a temperatura mínima durante unos 25 minutos hasta que cuaje. Sírvala en seguida.

BLINIS CON GUACAMOLE

INGREDIENTES

PARA 6 PERSONAS

BLINIS

1 cucharada de levadura fresca

½ cucharadita de azúcar

225 g de harina de alforfón

leche y agua templada mezcladas

225 g de harina blanca

2 huevos pequeños, con la yema
separada de la clara

25 g de mantequilla derretida

mantequilla de ajo clarificada

GUACAMOLE

2 aguacates maduros

1–2 dientes de ajo majados

1 cebolla pequeña rallada

15 ml de zumo de limón

sal, pimienta y pimienta de Cayena

crema agria espesa

cebollino picado

PREPARACIÓN

♦ Para preparar los blinis, bata la levadura y el azúcar e incorpore la harina de alforfón, con suficiente leche templada y agua para elaborar una crema espesa. Déjela en un lugar cálido unos 20 minutos hasta que aumente de volumen.

♦ Mezcle la harina blanca con las yemas de huevo, la mantequilla derretida, 2,5 g de sal y suficiente leche y agua para obtener una masa espesa.

♦ Mezcle la masa con la mezcla de alforfón y deje que aumente de volumen a temperatura ambiente durante dos horas.

♦ Justo antes de cocinar, monte las claras de huevo a punto de nieve con una pizca de sal y agréguelas a la mezcla.

♦ Fríala por cucharadas de postre en una sartén bien engrasada caliente durante varios minutos por cada lado.

♦ Unte los blinis fritos con mantequilla de ajo clarificada derretida, apílelos y manténgalos calientes.

♦ Para preparar el guacamole, chafe la pulpa del aguacate con el ajo majado, la cebolla rallada y el zumo de limón y sazone con sal, pimienta y pimienta de Cayena.

♦ Sírvalo con los blinis calientes y cuencos de crema agria y cebollino, de forma que cada comensal pueda completar su propio blini.

—————VARIANTE—————

Use caviar o ganoug ganoug (vea página 41) en vez del guacamole.

GANOUG GANOUG

INGREDIENTES

PARA 4 PERSONAS

2 berenjenas

2–3 dientes de ajo picados
muy finos

30 ml de aceite de oliva

15 ml de zumo de limón

sal y pimienta

temperatura del horno
180 °C

PREPARACIÓN

♦ Envuelva las berenjenas en papel de aluminio untado de aceite, colóquelas en una bandeja para horno y hornéelas de 30 y 45 minutos hasta que se ablanden.

♦ Abra las berenjenas y vacíe la pulpa.

♦ Chafe la pulpa con el ajo, el aceite y el zumo de limón. Salpimiéntela al gusto y enfríela.

PARA SERVIR

Sírvala muy fría con pan tostado caliente y mantequilla fresca enfriada.

VARIANTE

El ganoug ganoug resulta una excelente salsa para tacos y crudités (vea página 20) así como una deliciosa cobertura para blinis (vea página 40).

PAPAYAS CON CANGREJO

INGREDIENTES

PARA 4 PERSONAS

2 papayas maduras, de 275 a 350 g
cada una

25 g de de nata montada

100 g de mayonesa

puré de ajo (vea página 113) o
jugo de ajo al gusto

zumo de limón o de lima

un poco de pimienta blanca

350 g de carne de cangrejo

PREPARACIÓN

Según la cultura popular jamaicana, una cabra atada a un papayo no se encontrará allí a la mañana siguiente. Esta exquisita combinación de papaya y cangrejo desaparecerá incluso con mayor rapidez.

♦ Parta las papayas por la mitad y elimine las semillas y las hebras.
♦ Mezcle la nata montada con la mayonesa. Como la mayonesa casera resulta mucho más consistente que la envasada, tal vez sea necesario añadir un poco más de nata montada para aclararla.
♦ Condimente al gusto con el puré de ajo o el jugo de ajo, el zumo de limón o lima y un poco de pimienta blanca. Debe resultar un aderezo de sabor delicado.
♦ Mezcle el aderezo con la carne de cangrejo y rellene con ella las mitades de papaya.
♦ Sírvalas enfriadas.

———————————————VARIANTE———————————————

Para preparar melón con cangrejo, utilice dos melones pequeños en lugar de las papayas, pártalos por la mitad y quíteles las pepitas. Las variedades aromáticas, de carne con sabor a naranja o a melocotón, como el melón cantalupo o el charentés, resultan especialmente indicadas para este plato.

HUEVOS Y PASTA

Página derecha: Huevos al plato con guisantes y nata (*vea* página 46)

HUEVOS AL PLATO CON GUISANTES Y NATA

INGREDIENTES

PARA 4 PERSONAS

450 g de guisantes frescos (peso sin vaina)

1 cucharadita de azúcar

ramitas de menta fresca

50 g de mantequilla

sal y pimienta

8 huevos

1 diente de ajo picado muy fino

150 ml de nata líquida

temperatura del horno 200 °C

PREPARACIÓN

◆ Hierva los guisantes con el azúcar y la menta de 10 a 15 minutos o hasta que estén tiernos.

◆ Escúrralos, retirando la menta, y redúzcalos a un puré grueso.

◆ Agregue la mantequilla y salpimiente al gusto.

◆ Reparta el puré de guisantes entre 4 cazoletas engrasadas y casque 2 huevos en cada una.

◆ Mezcle el ajo con la nata y viértalo todo sobre los huevos. Métalos al horno de 7 a 10 minutos hasta que estén ligeramente cuajados. Sírvalos de inmediato.

———VARIANTE———

El "puré de guisantes" no parece un plato excesivamente sugestivo, si bien ésta resulta una deliciosa y original manera de servirlo. Caliente el contenido de una lata equivalente a 450 g, bátalo junto con un poco de mantequilla, sazónelo con abundante sal y pimienta y proceda del mismo modo que con el puré de guisantes de la receta principal.

PASTA AL AJO

INGREDIENTES

PARA 6 PERSONAS

450 g de harina

2 huevos

15 ml de aceite de oliva

el jugo de 2–3 dientes de ajo

2 cucharadas de puré de espinacas bien escurrido o 1 cucharada de concentrado de tomate

1 cucharadita de sal

agua tibia, para mezclar

50 g de mantequilla

queso parmesano

PREPARACIÓN

◆ Mezcle la harina, los huevos, el aceite, el jugo de ajo, las espinacas o el concentrado de tomate, la sal y añada suficiente agua tibia para obtener una masa dura.

◆ Trabájela sobre una superficie bien enharinada durante 10 minutos como mínimo o hasta que adquiera elasticidad.

◆ Divídala en dos, extienda cada parte con el rodillo y estírela repetidas veces hasta que quede lo más fina posible. Déjela reposar durante 15 minutos para que se endurezca ligeramente.

◆ Espolvoree cada lámina de masa con un poco de harina, enróllela sin apretar y córtela en cintas de ½–1 cm con un cuchillo afilado.

◆ Cueza la pasta al dente con abundante agua salada de 3 a 6 minutos, escúrrala y sírvala en seguida con mantequilla y queso parmesano, o con la salsa que prefiera.

HUEVOS SCARBOROUGH

INGREDIENTES

PARA 2 PERSONAS

35 g de mantequilla

1 diente de ajo majado

1 cucharada de perejil picado

1/2 cucharadita de salvia fresca
picada

2–3 hojas de romero fresco picadas

1/2 cucharadita de tomillo fresco

sal y pimienta

4 huevos frescos

PREPARACIÓN

♦ Derrita la mantequilla a fuego lento y añada el ajo, las hierbas y la sal y la pimienta. Rehóguelo todo durante unos 5 minutos hasta que el ajo esté transparente.
♦ Cueza los huevos de 3½ a 4 minutos y quíteles la cáscara.
♦ Saltee los huevos en la mantequilla de hierbas y ajo durante 1 minuto. Retire las hojas de romero y sírvalos de inmediato.

PARA SERVIR

Éste es un plato ideal para una comida ligera. Acompáñelo con abundante pan de corteza dura y ensalada verde.

PIPERADA

INGREDIENTES

PARA 3–4 PERSONAS

25 g de mantequilla

1 cebolla mediana, cortada muy fina

1–2 dientes de ajo majados

1 pimiento rojo, sin semillas y
cortado muy fino

2 tomates grandes, sin piel ni
semillas y troceados muy finos

4 huevos

sal y pimienta

PARA SERVIR

una rebanada de pan tostado con
mantequilla caliente por persona

1 cucharada de perejil picado

PREPARACIÓN

◆ Derrita la mantequilla en una cacerola pesada y rehogue las cebollas, el ajo y el pimiento durante 15 minutos. Agregue el tomate y prolongue la cocción 5 minutos más.

◆ Bata los huevos con un poco de sal y pimienta y añádalos a la sartén.

◆ Baje el fuego y remueva los huevos hasta que adquieran espesor y cremosidad. Procure no cocerlos en exceso.

——— PARA SERVIR ———

Extienda la piperada sobre las tostadas, espolvoreada de perejil.

———VARIANTE———

Para que resulte un plato más nutritivo, añada 175 g de jamón cocido cortado en dados con los tomates.

ROLLO AL AJO

INGREDIENTES

PARA 6 PERSONAS

75 g de mantequilla

25 g de harina

1/2 cucharadita de mostaza inglesa

1/4 cucharadita de azúcar

275 ml de leche caliente

2 cucharadas de queso parmesano

50 g de queso cheddar o gruyère rallado

1 cucharada de puré de ajo (vea página 113) o 2 dientes de ajo majados

sal y pimienta al gusto

4 huevos con la yema separada de la clara

675 g de espinacas frescas o 375 g congeladas

30 ml de nata líquida

temperatura del horno 220 °C

PREPARACIÓN

◆ Derrita 15 g de mantequilla en una cacerola con la harina, la mostaza y el azúcar, y remueva durante un par de minutos, sin dejar que se dore. Incorpore la leche caliente poco a poco y déjelo hervir todo durante 5 minutos.

◆ Añada el queso, el puré de ajo o el ajo majado y salpimiéntelo. Retírelo del fuego, agregue 3 yemas de huevo una a una, removiendo, y manténgalo todo caliente.

◆ Cueza las espinacas por tandas en agua salada durante 5 minutos, hasta que estén casi tiernas. Escúrralas y páselas por agua fría. Elimine la máxima cantidad de líquido posible y píquelas muy finas. Incorpórelas a la sartén con la mantequilla restante y un poco de sal y pimienta, y rehóguelas durante 15 minutos para que absorban toda la mantequilla. Rectifique la condimentación y manténgalas calientes.

◆ Si usa espinacas congeladas, corte el bloque en porciones pequeñas con un cuchillo para congelados. Derrita la mantequilla, añada las porciones de espinacas y cuézalos a fuego muy lento hasta que se descongelen, suba el fuego un poco y prosiga la cocción 5 minutos más, condimente la verdura al gusto y manténgala caliente.

◆ Monte las claras a punto de nieve con una pizca de sal. Bata una cucharada de clara con la salsa de queso para que quede más suelta.

◆ Incorpore con cuidado la salsa de queso al resto de claras montadas y vierta la mezcla en un molde para brazo de gitano. Cuézalo en el horno precalentado de 5 a 7 minutos hasta que adquiera consistencia.

◆ Desmóldelo inmediatamente sobre un paño de cocina empapado en agua caliente. Cúbralo con tres cuartos del puré de espinacas caliente, en el cual se ha batido la yema de huevo restante. Enróllelo a modo de brazo de gitano; para facilitar dicha operación, levante gradualmente un extremo del paño.

◆ Coloque el rollo en un plato previamente calentado. Agregue la nata al puré de espinacas restante y distribúyalo alrededor del rollo. Sírvalo inmediatamente.

MASSAIA MIA

INGREDIENTES

PARA 2–3 PERSONAS

*100 g de prosciutto o
jamón cocido, en daditos*

1 diente de ajo pequeño majado

25 g de mantequilla

*225 g de tagliatelle verdes o
rosas*

45 g de guisantes cocidos

45 ml de nata líquida

sal y pimienta negra recién molida

PARA SERVIR

2 cucharadas de queso parmesano

1 cucharada de perejil picado

PREPARACIÓN

♦ Rehogue en mantequilla los daditos de prosciutto o jamón y el ajo.
♦ Cueza los tagliatelle en agua salada hirviendo de 3 a 5 minutos o hasta que estén tiernos.
♦ Escurra la pasta y añada el prosciutto o jamón, la mantequilla de ajo, los guisantes y la nata, y salpimiente al gusto.

—————————— PARA SERVIR ——————————

Espolvoree de parmesano y perejil.

—————————— VARIANTE ——————————

Caliente el ajo en la mantequilla y añádalo a la pasta escurrida caliente, junto con 100 g de salmón ahumado cortado en daditos.

RAVIOLI

INGREDIENTES

PARA 4 PERSONAS

225 g de puré de espinacas

2 dientes de ajo majados

175 g de requesón o queso tierno de bajo contenido en grasas

2 cucharadas de queso parmesano

1 huevo pequeño bien batido

sal y pimienta

½ cantidad de masa de pasta al ajo (vea página 46)

PREPARACIÓN

Dado que la cantidad de relleno colocado en cada ravioli y el tamaño que tienen al cortarse son tan variables, las medidas indicadas para la mitad de la cantidad de la receta de la pasta al ajo (vea página 46) sirven solamente de referencia.

♦ Mezcle el puré de espinacas, el ajo, el queso y el huevo batido. Salpimiéntelo todo al gusto y resérvelo.

♦ En una superficie enharinada, extienda con un rodillo la masa repetidas veces hasta que quede lo más fina posible. Déjala reposar durante 15 minutos para que se endurezca ligeramente.

♦ Humedezca la mitad de la masa con agua y distribuya por encima cucharaditas de relleno, dejando 2,5–3,5 cm de separación entre sí.

♦ Doble por encima la otra mitad de la masa y presione con firmeza alrededor de cada montoncito de relleno.

♦ Corte los ravioli en cuadrados con ayuda de un cuchillo afilado o una rueda dentada.

♦ Cueza los ravioli por tandas en agua salada de 5 a 7 minutos o hasta que la pasta esté al dente y el relleno caliente.

♦ Escurra los ravioli, saltéelos con un poco de mantequilla y sírvalos en seguida, con un poco más de mantequilla y queso parmesano, y un poco de nata si lo desea.

---VARIANTE---

Para preparar otro tipo de relleno, saltee 100 g de bacon, cortado en trozos de 1 cm, con un diente de ajo majado en 15 g de mantequilla hasta que empiece a fundirse la grasa. Añada 175 g de hígado de pollo, 30 g de cebolletas o escalonias picadas muy finas, 1 cucharadita de mejorana fresca picada muy fina y ½ cucharadita de tomillo fresco. Fríalo todo hasta que el hígado empiece a hacerse y el bacon esté crujiente. Déjelo enfriar y macháquelo o tritúrelo hasta obtener un puré no demasiado fino. Salpimiéntelo al gusto.

SALSAS Y ADEREZOS

Página derecha: Pesto (vea página 54)

PESTO

INGREDIENTES

75 g de hojas de albahaca fresca,
picadas muy finas

30 g de piñones

50 g de queso parmesano rallado
muy fino

3 dientes de ajo picados muy finos

75 ml de aceite de oliva

PREPARACIÓN

Si bien el pesto se sirve tradicionalmente como salsa para pasta, es indicado para fiambres, pescado asado o a la parrilla, en sopas o en ensaladas con una poco más de aceite y un chorrito de zumo de limón. Aunque el pesto pueda comprarse, si es posible hacerse con un buen manojo de albahaca fresca, merece la pena prepararlo uno mismo.

◆ Mezcle la albahaca, los piñones, el queso y el ajo en una batidora eléctrica, y redúzcalo todo a una pasta aromática, verde y espesa.
◆ Añada el aceite poco a poco hasta incorporarlo por completo.

—————————————— VARIANTE ——————————————
Para preparar pesto con nueces, sustituya la mitad del aceite de oliva por aceite de nuez y utilice nueces picadas en lugar de piñones.

ALIOLI

INGREDIENTES

PARA 500 ML

4–6 dientes de ajo (naturalmente,
se pueden utilizar más si se desea)

una pizca de sal

3 yemas de huevo

450 ml de aceite de oliva

zumo de limón al gusto

un poco de agua o nata líquida
(opcional)

PREPARACIÓN

El alioli es sencillamente la salsa de ajo por excelencia. Si bien en principio se servía con gambas, resulta sensacional para todo tipo de alimentos, desde hamburguesas hasta una bouillabaisse, y basta con una cucharada para realzar el sabor de las verduras más insípidas, avivar las sopas más suaves y recuperar el interés perdido por los fiambres de días pasados. Naturalmente, se puede añadir ajo majado o, mejor aún, puré de ajo (vea página 113) a la mayonesa casera o envasada. Su sabor superará con creces el de la mayonesa de ajo comercializada, aunque no será equiparable al del alioli.

◆ Pique el ajo muy fino y macháquelo en un mortero con la sal hasta obtener una pasta homogénea. Bata las yemas de huevo.
◆ Añada el aceite, gota a gota al principio y después en un chorrito una vez que la mezcla adquiera un tono brillante y empiece a espesarse.
◆ Agregue el zumo de limón al gusto, y si encuentra la salsa demasiado espesa, añada un poco de agua o nata líquida.
◆ Para evitar que se forme una capa en el alioli, cúbralo con un trozo de film transparente que toque la superficie.

—————————————— VARIANTE ——————————————
Skordalia de almendras: añada 15 g de pan blanco tierno rallado, 15 g de almendras molidas, 15 g de perejil picado y una pizca de pimienta de Cayena a cada taza de alioli y sazónelo con zumo de limón o de lima al gusto. Esta salsa se sirve tradicionalmente con verduras cocidas frías.
Alioli verde: a cada taza de alioli añada un puñado de perejil, dos o tres ramitas de estragón fresco, dos o tres ramitas de perifollo fresco y medio puñado de espinacas previamente hervidas en agua salada hasta estar tiernas, escurridas y tamizadas o reducidas a un puré fino.

Página derecha: Alioli

SALSA VERDE

INGREDIENTES

3 dientes de ajo picados muy finos

100 g de perejil picado muy fino

1 cucharada de hojas de berro
picadas muy finas (opcional)

1 cucharada de hierbas mixtas
frescas, picadas muy finas
(albahàca, mejorana, y un poco de
tomillo, salvia, perifollo y eneldo)

sal gruesa

60 ml de aceite de oliva

el zumo de 1–2 limones

1–2 cucharadas de azúcar

pimienta negra

PREPARACIÓN

Verde y picante, esta salsa de hierbas frescas resulta excelente con cualquier pescado, caliente o frío, y combina a la perfección con huevos duros. Dado su extraordinario sabor con gambas, qué mejor idea que servirla en un cóctel de gambas.

♦ Bata o machaque en un mortero el ajo, el perejil, el berro, las hierbas mixtas frescas y un poco de sal gruesa, hasta obtener una pasta homogénea.

♦ Añada el aceite a cucharadas y mézclelo todo bien. Incorpore el zumo de limón y condimente la salsa con azúcar, sal y pimienta al gusto.

SALSA MARINARA

INGREDIENTES

PARA 450 G DE PASTA

2 cebollas medianas cortadas muy finas

2 dientes de ajo majados

30 ml de aceite de oliva

425 g de tomates en conserva

1 cucharada de concentrado de tomate

1 cucharadita de azúcar

1 cucharadita de orégano seco

1 cucharadita de pimentón

sal y pimienta

PREPARACIÓN

♦ Fría en el aceite las cebollas y el ajo hasta empiecen a dorarse. Baje el fuego y rehóguelo todo de 15 a 20 minutos hasta que esté blando.

♦ Agregue los tomates, el concentrado de tomate, el azúcar, el orégano y el pimentón. Cuézalo todo a fuego rápido durante unos 10 minutos hasta que se agrieten los tomates.

♦ Salpimiente la salsa al gusto y sírvala.

♦ Tradicionalmente esta salsa se sirve sin queso, pero si lo desea, utilice un queso duro y fuerte como parmesano o pecorino.

—————————VARIANTE—————————

Añada 50 g de aceitunas negras deshuesadas y 30 g de filetes de anchoas escurridos y picados muy finos a la salsa preparada y caliéntela unos momentos antes de servirla.

ADEREZO DE AJO BÁSICO

INGREDIENTES

1–2 dientes de ajo majados

1 cucharadita de azúcar

30 ml de vinagre de vino o vinagre
de ajo (vea página 112)

75 ml de aceite de oliva

sal y pimienta

PREPARACIÓN

♦ Mezcle todos los ingredientes en un tarro con tapa de rosca, tápelo y agítelo bien. Rectifique de sal antes de servir.

―――――――VARIANTE―――――――

Agregue hierbas secas o frescas al gusto según el plato con el que sirva el aderezo.

Sustituya los distintos vinagres aromáticos.

Reemplace parte del aceite por aceite de nuez.

Sustituya el aceite por crema agria o yogur y el vinagre por zumo de limón (la variante con nata resulta excelente con la adición de 1 cucharada de rábano picante recién rallado).

Incorpore 1 cucharadita de mostaza francesa suave. Este aderezo resulta especialmente sabroso servido sobre judías verdes calientes como primer plato.

SALSA DE TOMATE CONCENTRADA

INGREDIENTES

2 cebollas medianas picadas muy finas

2–3 dientes de ajo majados

30 ml de aceite de oliva

3 cucharadas de concentrado de tomate

45 ml de vino o agua

1 cucharadita de orégano seco

1 cucharadita de pimentón

1 cucharadita de azúcar

sal y pimienta

PREPARACIÓN

Esta riquísima salsa puede servirse tal cual con pasta o con carne picada y líquido adicional. Resulta deliciosa si se utiliza para napar trozos de pollo o filetes de pescado antes de hornear, o como cobertura de pizzas caseras. Asimismo realza el sabor de sopas y estofados y constituye un excelente condimento para fiambres, hamburguesas y salchichas de frankfurt.

♦ Fría en el aceite las cebollas y el ajo hasta que empiecen a dorarse. Baje el fuego y déjelo hervir todo, tapado, de 10 a 15 minutos o hasta que se ablande.

♦ Agregue el concentrado de tomate, el vino o el agua, el orégano, el pimentón, el azúcar y salpimiente al gusto.

♦ Deje borbotear la salsa 5 minutos, removiendo constantemente, y sírvala.

SALSA DE TOMATE FRESCA

INGREDIENTES

675 g de tomates maduros

30 ml de aceite de oliva

3 dientes de ajo majados

1 cucharada de albahaca o perejil fresco picado

½ cucharadita de azúcar

sal y pimienta negra recién molida

PREPARACIÓN

♦ Sumerja los tomates en agua hirviendo durante unos segundos para despegar las pieles. Lávelos bajo el chorro de agua fría y pélelos.

♦ Parta los tomates horizontalmente, elimine con cuidado las semillas y el jugo y píquelos gruesos.

♦ Caliente el aceite y añada el ajo, la pulpa del tomate, la albahaca, el perejil y el azúcar.

♦ Remueva la salsa a fuego fuerte de 2 a 3 minutos hasta que el tomate esté caliente.

♦ Salpimiéntela al gusto y sírvala de inmediato.

MANTEQUILLA DE AJO

INGREDIENTES

100 g de mantequilla reblandecida

3–6 dientes de ajo sin pelar

sal y pimienta

PREPARACIÓN

La mantequilla de ajo constituye una cobertura ideal para bistecs, hamburguesas, pescado o pollo a la parrilla y resulta un recurso práctico para elaborar pan de ajo (vea página 104). Asimismo sirve para enriquecer sopas, estofados y salsas y, en sandwiches, supone un grato y sabroso cambio con respecto a la mantequilla normal.

♦ Bata la mantequilla hasta que quede ligera y esponjada.

♦ Blanquee los ajos en agua hirviendo durante 1 minuto, escúrralos y pélelos.

♦ Reduzca los ajos a una pasta fina con un poco de sal y mézclela gradualmente con la mantequilla reblandecida.

♦ Salpimiéntela al gusto, envuélvala en papel de aluminio y enfríela hasta su uso.

―――――VARIANTE―――――

Mantequilla de ajo con perejil: añada 25 g de perejil fresco picado.

Mantequilla de ajo y hierbas: añada 25 g de hierbas mixtas frescas picadas.

Mantequilla de ajo con mostaza: añada 15 g de mostaza francesa suave.

Mantequilla de ajo y rábano picante: añada 15 g de rábano picante fresco rallado.

Mantequilla de ajo con guindilla: añada guindilla en polvo al gusto y 10 g de concentrado de tomate.

Mantequilla de ajo con tomate: añada 15 g de concentrado de tomate.

MANTEQUILLA DE AJO CLARIFICADA

INGREDIENTES

3–6 dientes de ajo sin pelar

100 g de mantequilla

sal y pimienta

PREPARACIÓN

Esta mantequilla se utiliza para freír, especialmente patatas, y se puede untar sobre masas antes de hornearlas, y sobre bollos y bagels antes de calentarlos. Asimismo resulta deliciosa con hortalizas como espárragos y alcachofas, por muy atrevido que esto pueda parecer.

♦ Blanquee los ajos sin pelar en agua hirviendo durante 1 minuto, escúrralos y pélelos.

♦ Trocéelos y rehóguelos en mantequilla con un poco de sal y pimienta durante 5 minutos.

♦ Espume la mantequilla y cuélela a través de un trozo de muselina o de un tamiz muy fino. Guárdela tapada en el frigorífico hasta su uso.

PESCADOS Y MARISCOS

Página derecha: Rodajas de salmón (*vea* página 64)

SALMÓN MARINADO AL AJO

INGREDIENTES

PARA 6–8 PERSONAS

1 kg de salmón cortado de la parte
central

4 dientes de ajo majados

75 g de sal

75 g de azúcar

un puñado de eneldo fresco picado

PREPARACIÓN

◆ Parta el salmón en dos mitades y retire las espinas pero deje la piel.
◆ Mezcle el resto de los ingredientes.
◆ Coloque una mitad del salmón sobre una fuente grande y llana, con la piel hacia abajo, y cúbralo con la mitad de la mezcla. Coloque el otro filete sobre el primero y cúbralo con la mezcla restante.
◆ Prense el pescado con ayuda de un plato y déjelo en un lugar fresco durante 24 horas como mínimo. Elimine raspando la mezcla y sirva el salmón cortado en lonchitas finas.

——————————PARA SERVIR——————————

Un aderezo de crema agria, mostaza y rábano picante con un poco de eneldo fresco resulta excelente servido con este plato.

——————————VARIANTE——————————

Retire las espinas pero en lugar de partir el salmón, córtelo en rodajas y extienda encima la marinada —vea página 63.

LASAÑA DE EGLEFINO AHUMADO

INGREDIENTES

PARA 6–8 PERSONAS

12 dientes de ajo sin pelar

675 g de filetes de eglefino ahumado

275 ml de leche

una pizca de hebras de azafrán
(opcional)

$^1/_2$ hoja de laurel

1 cebolla mediana picada muy fina

50 g de mantequilla

25 g de harina

1 cucharada de queso parmesano

3 huevos duros

sal y pimienta

350 g de lasaña verde seca

un poco de aceite

350 g de tomates maduros, sin piel y
troceados muy finos

1 cucharadita de albahaca fresca
picada

175 g de queso mozzarella cortado
en lonchas finas

temperatura del horno
220 °C

PREPARACIÓN

◆ Cueza los dientes de ajo sin pelar en agua hirviendo de 20 a 25 minutos, hasta que estén blandos. Escúrralos, pélelos y tritúrelos.
◆ Hierva el pescado en la leche con el azafrán y la hoja de laurel durante unos 10 minutos o hasta que la carne adquiera firmeza y se desprenda con facilidad.
◆ Saque el pescado de la leche con cuidado, quítele la piel si es preciso, y divídalo en trozos con ayuda de un tenedor.
◆ Haga sudar la cebolla en mantequilla hasta que quede transparente, evitando que se dore. Añada la harina y cuézalo todo unos minutos más.
◆ Agregue poco a poco la leche, una vez extraída la hoja de laurel y cualquier posible resto de piel, y deje hervir la salsa 5 minutos.
◆ Retírela del fuego y añada el queso parmesano, el ajo triturado, los trozos de pescado y los huevos duros cortados en octavos. Salpimiente bien la mezcla y guárdela tapada en un lugar fresco hasta su uso.
◆ Cueza la lasaña por tandas en abundante agua salada con un poco de aceite para evitar que se pegue la pasta. Tardará entre 10 a 20 minutos en estar al dente.
◆ Saque cada fragmento de pasta cocida, páselo bajo el chorro de agua fría y colóquelo sobre un paño de cocina húmedo.
◆ Una vez cocida toda la lasaña, utilice una parte para forrar el fondo y las paredes de una fuente para el horno, pequeña, honda y bien engrasada, o una tartera grande, y extienda por encima la mitad de la mezcla de pescado.
◆ Cúbrala con la mitad de los tomates, espolvoreados con la mitad de albahaca. Añada otra capa de pasta, pescado, tomates y albahaca, y acabe con una capa final de pasta.
◆ Extienda las lonchas de mozzarella por encima y hornee la lasaña unos 30 minutos hasta que la superficie esté crujiente y bien dorada.

Caballa al ajo con salsa de uvas espina

INGREDIENTES

PARA 4 PERSONAS

2 caballas grandes frescas

2 limones pequeños

3 dientes de ajo pelados

30 ml de aceite

sal y pimienta

350 g de uvas espinas verdes picantes

un poco de azúcar (opcional)

PREPARACIÓN

♦ Lave y limpie la caballa y haga tres o cuatro cortes diagonales en el dorso del pescado.

♦ Corte en cuartos uno de los limones y uno de los dientes de ajo e introduzca dos trozos de cada en las caballas.

♦ Exprima el limón restante, machaque el resto del ajo y mézclelo con el aceite, un poco de sal y abundante pimienta negra para verterlo todo después sobre el pescado.

♦ Deje marinar la caballa en un lugar fresco de 2 a 4 horas.

♦ Para preparar la salsa, corte los extremos de las uvas y cuézalas en un cazo tapado con un poco de agua a fuego lento hasta que estén tiernas. Añada azúcar al gusto y tamice la fruta.

♦ Para cocinar la caballa, escurra la marinada y ase el pescado a la parrilla a fuego lento de 20 a 25 minutos, gírelo una vez y rocíelo de vez en cuando con la marinada.

PARA SERVIR

Acompañe el pescado con salsa caliente y boniatos.

STRUDEL DE MARINERO

INGREDIENTES

PARA 6 PERSONAS

450 g de filetes de bacalao

350 g de zanahorias tiernas, cortadas en trozos de 1 cm

25 g de mantequilla

1 cucharada de perejil picado

50 g de sultanas

1 pimiento amarillo o rojo, sin semillas y troceado muy fino (opcional)

1–2 dientes de ajo majados

15 ml de zumo de limón

1 cucharadita de garam masala

$^1/_2$ cucharadita de azúcar

1 cucharadita de cúrcuma

sal y pimienta

225 g de harina

$^1/_4$ cucharadita de sal

1 huevo pequeño

150 ml de agua tibia

15 ml de aceite

100 ml de mantequilla de ajo clarificada (vea página 61), previamente calentada

45 g de pan blanco tierno rallado

temperatura del horno 190 °C

PREPARACIÓN

Esta receta puede prepararse con pasta para strudel comprada o incluso con pasta filo, pero hacerla uno mismo resulta más divertido.

♦ Para preparar el relleno, cueza los filetes de bacalao con un poco de sal en un cazo tapado durante unos 10 minutos hasta que la carne adquiera firmeza y se desprenda con facilidad. Escurra el pescado y sepárelo en trozos con ayuda de un tenedor.

♦ Hierva las zanahorias en abundante agua salada de 7 a 10 minutos aproximadamente o hasta que estén tiernas. Escúrralas, salpíquelas de mantequilla y perejil y déjelas enfriar.

♦ Remoje las sultanas en agua caliente durante una hora hasta que se hinchen, escúrralas y mézclelas con el pescado, las zanahorias, los pimientos (para añadir un toque crujiente), el ajo, el zumo de limón, el garam masala, el azúcar y la cúrcuma, y finalmente salpimiéntelo todo al gusto. Tápelo y guárdelo en el frigorífico hasta su uso.

♦ Para elaborar la masa del strudel, tamice la harina con la sal y bata el huevo junto con la mitad del aceite y la mayor parte del agua. Incorpore la mezcla a la harina para elaborar una masa blanda, añadiendo agua si es necesario.

♦ Pase la masa a una superficie bien enharinada y trabájela con los dedos 10 minutos como mínimo o hasta que adquiera elasticidad.

♦ Coloque la masa trabajada en un cuenco enharinado, cúbralo con un paño y déjelo en un lugar cálido durante 15 minutos.

♦ Sobre una superficie bien enharinada extienda la masa lo más fina posible y póngala con cuidado sobre un paño grande bien enharinado. Píntela con el aceite restante y déjela reposar durante 15 minutos. Tire de los extremos para extender la masa hasta que quede tan fina como el papel.

♦ Recorte los bordes de mayor grosor y unte la masa con dos tercios de la mantequilla de ajo clarificada.

♦ Esparza por encima el pan rallado y distribuya el relleno sobre un borde de la masa, dejando varios centímetros de margen por cada lado. Doble la otra parte de la masa por encima y enrolle el strudel.

♦ Deslícelo sobre una placa para el horno bien engrasada —tal vez sea necesario doblarlo en forma de herradura para que quepa— y úntelo todo con la mantequilla de ajo clarificada restante.

♦ Hornéelo durante 30 minutos y sírvalo cortado oblicuamente en porciones gruesas.

Quenelles de pescado con salsa rosa de hinojo

INGREDIENTES

PARA 4–6 PERSONAS

675 g de filetes de pescado blanco
2 dientes de ajo picados muy finos
275 ml de agua
¹/₂ cucharadita de sal
100 g de mantequilla
100 g de harina tamizada
2 huevos y 2 claras de huevo
sal y pimienta
30 ml de nata líquida enfriada
caldo de pescado o agua
1 bulbo de hinojo de 225 g
15 g de cebolla picada muy fina
30 ml de vino blanco
225 g de tomates pelados, sin semillas y picados
¹/₂ cucharadita de azúcar
350 g de tagliatelle o fettucine verdes
1¹/₂ cucharaditas de semillas de hinojo

PREPARACIÓN

La preparación de este plato puede ser complicada pero el resultado ciertamente merece el esfuerzo.

♦ Reduzca el pescado a un puré homogéneo junto con el ajo y guárdelo en la nevera.

♦ Lleve a ebullición el agua, la sal y la mitad de la mantequilla. Cuando ésta se haya derretido, apártela del fuego e incorpore la harina.

♦ Remueva a fuego lento hasta que la mezcla se despegue de las paredes y forme una masa.

♦ Retírela del fuego, incorpore los huevos y las claras de uno en uno y mézclelo todo. Páselo a un cuenco y añada el pescado crudo y el puré de ajo. Agregue la nata, removiendo, y salpimiéntelo todo al gusto.

♦ Forme 16 albóndigas con ayuda de dos cucharaditas de postre humedecidas, llenando una de ellas con la mezcla y sirviéndose de la otra para redondear la superficie.

♦ Poche las albóndigas tan pronto adquieran forma, en una sartén honda con caldo de pescado o agua que haya empezado a hervir durante 15 o 20 minutos. Sáquelas, tápelas con un trozo de papel de aluminio engrasado y manténgalas calientes.

♦ Para preparar la salsa, pique el hinojo muy fino y hágalo sudar con la cebolla, el vino y la mitad de la mantequilla restante hasta que esté todo blando.

♦ Agregue los tomates picados y el azúcar y redúzcalo todo a un puré homogéneo. Salpimiéntelo al gusto y manténgalo caliente.

♦ Cueza la pasta al dente en agua hirviendo ligeramente salada, escúrrala, añada la mantequilla restante y las semillas de hinojo y colóquela en una fuente previamente calentada.

♦ Disponga las albóndigas calientes sobre la pasta, nápelas con la salsa y sírvalas.

---VARIANTE---

La mezcla de las albóndigas puede servirse también como mousses de pescado individuales. Repártala en cazoletas o moldes pequeños para soufflé bien enharinados, colóquelos en una fuente metálica para el horno medio llena de agua hirviendo y métala en el horno a 180 °C hasta que suba la mousse y sobresalga por los bordes de los recipientes.

BOGAVANTE ASADO A LA JAMAICANA

INGREDIENTES

PARA 4 PERSONAS

2 langostas cocidas (mejor que resulten pesadas para su tamaño), de unos 675 g de peso

un poco de aceite

75 g de mantequilla

2 dientes de ajo majados muy finos

2 cucharaditas de hierbas mixtas frescas o 1 cucharadita de hierbas mixtas secas

2 pizcas de pimienta de Cayena

30 g de cebolletas o escalonias picadas muy finas (sólo la parte verde)

2 cucharadas de perejil picado

45 g de pan blanco tierno rallado

sal y pimienta

PREPARACIÓN

♦ Corte en dos cada langosta, dejando intactas la cabeza y las pinzas. Retire la carne de la cabeza y la cola y elimine el intestino, el estómago y las branquias. Parta las pinzas con cuidado y extraiga la carne.

♦ Trocee la carne y unte los caparazones con aceite para lustrarlos.

♦ Justo antes de servir derrita 50 g de la mantequilla a fuego lento con el ajo y añada la carne de langosta, las hierbas mixtas, la pimienta de Cayena, las cebolletas o escalonias y un poco de sal y pimienta.

♦ Caliente la carne a fuego medio durante dos o tres minutos, moviendo la sartén de vez en cuando. Rellene de nuevo las langostas vaciadas con la carne y esparza por encima el perejil y el pan rallado.

♦ Rocíe las langostas con mantequilla y asélas en una parrilla caliente, hasta que la superficie quede crujiente y dorada.

——— PARA SERVIR ———

Sirva la langosta de inmediato, con un ponche de ron o cerveza.

GAMBAS AL AJO CON MIEL

INGREDIENTES

PARA 4 PERSONAS

675 g de gambas crudas grandes

3 dientes de ajo majados

el zumo de 2 limones

2 cucharaditas de azúcar

15 ml de salsa de soja

30 ml de aceite de oliva

pimienta blanca recién molida

100 g de harina

2 pizcas de sal

1 huevo

150 ml de leche y agua

30 ml de miel

1 trozo de 2,5 cm de jengibre rallado

2 cucharaditas de fécula de maíz

1 cucharada de semillas de sésamo

PREPARACIÓN

♦ Pele las gambas y hágales un corte profundo a lo largo del dorso para retirar el intestino.

♦ Mezcle el ajo majado, el zumo de limón, el azúcar, la salsa de soja, la mitad del aceite y abundante pimienta negra. Cubra las gambas con esta mezcla y déjelas marinar en un lugar fresco de 2 a 4 horas.

♦ Para elaborar la masa para rebozar tamice la harina junto con la sal. Agregue el huevo, el aceite restante y, finalmente, la mezcla de leche y agua, poco a poco hasta que el rebozado recubra el dorso de una cuchara. Guárdela en el frigorífico.

♦ Escurra las gambas y reserve la marinada. Reboce cada gamba con la masa y fríalas durante 1½ minutos en aceite muy caliente hasta que estén crujientes y doradas.

♦ Escurra las gambas sobre papel de cocina y manténgalas calientes en una fuente.

♦ Caliente la marinada restante con la miel, el jengibre rallado y la fécula de maíz. Remueva constantemente hasta que se espese la salsa. Déjela hervir, sin dejar de remover, durante varios minutos.

♦ Nape las gambas con la salsa y déles la vuelta con cuidado para que queden bien bañadas. Esparza por encima las semillas de sésamo y sirva las gambas en seguida.

CARNE Y AVES

Página derecha: Saltimbocca (vea página 74)

SALTIMBOCCA

INGREDIENTES

PARA 4 PERSONAS

8 escalopes de ternera, de unos
7,5 x 10 cm

8 lonchas finas de jamón cocido o
prosciutto, de unos 7,5 x 10 cm

8 lonchas finas de queso mozzarella

salvia seca o fresca

30 ml de aceite de oliva

2 dientes de ajo majados

el zumo de 1 limón grande

sal y pimienta

50 g de mantequilla

100 ml de vino blanco

15 g de cebolletas o escalonias
picadas finas (sólo la parte verde)

PARA SERVIR

1 cucharada de perejil, picado

ramitas de perejil

rodajas de limón

PREPARACIÓN

◆ Cubra cada escalope de ternera con una loncha de jamón, una de queso y un cuarto de hoja de salvia fresca bien machacada o bien una pizca de salvia seca. Enróllelo y átelo con un palillo fino.

◆ Mezcle el aceite de oliva, el ajo, y la mitad del zumo de limón, salpimiente al gusto y añada un poco de salvia seca o fresca.

◆ Rocíe los rollos de ternera con esta mezcla y déjelos marinar en un lugar fresco de 2 a 4 horas.

◆ Para prepararlos, caliente la mantequilla en una sartén y saltéelos con cuidado unos 10 minutos, dándoles la vuelta ocasionalmente.

◆ Suba el fuego y agregue el vino, las cebolletas o escalonias picadas y el zumo de limón restante.

◆ Deje borbotear la salsa y redúzcala durante 5 minutos. Rectifique la condimentación.

PARA SERVIR

Espolvoree los rollos de ternera con perejil y sírvalos inmediatamente, decorados con ramitas de perejil y gajos de limón.

SOLOMILLO NAPOLEÓN

INGREDIENTES

PARA 6 PERSONAS

2 cabezas de ajo

45 ml de aceite de oliva

60 ml de vino tinto con cuerpo

30 g de cebolletas o escalonias
picadas muy finas

2$\frac{1}{2}$ cucharaditas de tomillo fresco o
$\frac{1}{2}$ cucharadita de tomillo seco

3 cucharadas de mostaza francesa

sal y pimienta

1 solomillo de buey, de 1 kg de peso

2 cucharadas de perejil picado

450 g de masa de hojaldre

temperatura del horno
230 °C

PREPARACIÓN

Dada la popularidad un tanto excesiva que está adquiriendo el solomillo Wellington, teniendo en cuenta que dicha creación culinaria fue inspirada por un famoso militar británico más conocido en el mundo anglosajón por su contribución al calzado con las botas de goma que llevan su nombre, proponemos una alternativa histórica ciertamente apropiada.

◆ Para preparar la marinada, pele y machaque 3 de los dientes de ajo y mézclelos con 30 ml de aceite, el vino, las cebolletas o escalonias, 1 cucharadita de mostaza, el tomillo, abundante sal y pimienta.

◆ Coloque el bistec en el fondo de una bolsa de plástico grande y vierta por encima la marinada. Cierre la bolsa, póngala en un plato en caso de que se derrame líquido, y déjela marinar en un lugar fresco de 6 a 8 horas.

◆ Caliente al máximo el aceite restante en una sartén grande.

◆ Saque la carne de la marinada y fríala con rapidez por ambos lados para que retenga los jugos; este paso no debe durar más de 2 minutos.

◆ Deje enfriar el buey y póngalo de nuevo en marinada. Métalo en el congelador durante 1 hora, o más si desea que la carne esté muy poco hecha.

◆ Cueza los dientes de ajo restantes sin pelar de 20 a 25 minutos hasta que estén blandos. Escúrralos, pélelos y cháfelos con un tenedor para obtener una pasta viscosa.

SOLOMILLO NAPOLEÓN

♦ Agregue la mostaza restante y el perejil y salpimiente todo al gusto.
♦ Saque el buey del congelador y deje que se descongele la marinada.
Extienda la pasta con un rodillo hasta que adquiera un grosor de
0,5 cm, lo bastante grande para envolver de sobras el buey.
♦ Escurra la carne y añada una cucharada de la marinada a la
mezcla de ajo y perejil.
♦ Disponga el buey en el centro de la pasta y extienda por encima la
mezcla de ajo y perejil.
♦ Humedezca los bordes de la pasta con un poco de agua, dóblelos
sobre los laterales de la carne, ejerza presión para unirlos y selle los
extremos.
♦ Coloque el buey envuelto en la pasta, con la unión hacia abajo, en
una bandeja para el horno bien engrasada, pinte la superficie con un
poco de leche o yema de huevo y hornéelo de 15 a 20 minutos hasta
que esté cocida la pasta. Si, transcurrido el tiempo indicado, la pasta
está cocida pero la carne está poco hecha baje la temperatura a
190 °C, prosiga la cocción de 7 a 10 minutos más y compruébela de
nuevo. Sírvala de inmediato.

———————————VARIANTE———————————
Para preparar un solomillo Garibaldi, cúbralo con 50 g de pesto (vea
página 54) en lugar de la pasta de ajo y perejil.

COTTABULLA

INGREDIENTES

PARA 8 PERSONAS

225 g de pan blanco duro
sin corteza

1 kg de carne picada de vacuno

2 cebollas medianas picadas
muy finas

2 huevos

1 cucharadita de cilantro molido

1 cucharadita de orégano seco

1 cucharada de pimentón

3 dientes de ajo majados

una pizca de pimienta de Cayena

1 cucharadita de azúcar

sal y pimienta negra recién molida

temperatura del horno
190 °C

PREPARACIÓN

Los orígenes de esta receta tradicional están ocultos en una niebla de las Antillas, si bien no existe ninguna duda acerca del Cottabulla en sí: se trata de un sabroso cruce entre un pastel de carne picada frío y un pâté campagne.

♦ Sumerja el pan en agua, escúrralo y desmenúcelo. Mezcle bien todos los ingredientes y sazónelos con abundante sal y pimienta.
♦ Coloque toda la mezcla en un molde grande para soufflé dejando un hueco superficial en el centro. Tápelo con papel de aluminio y hornéelo de 40 a 50 minutos hasta que esté completamente cocido pero conserve un ligero tono rosado en el medio.
♦ Mientras esté aún caliente, apoye un plato ligeramente menor que la fuente para el horno sobre el papel de aluminio y ejerza presión con algunas latas pesadas. Deje enfriar la carne hasta que adquiera firmeza, retire el peso y guárdela en el frigorífico hasta su uso.

PARA SERVIR

Divídala en porciones y sírvala en la misma fuente para el horno.

VARIANTE

Si se sirve caliente —vea la fotografía— no es preciso ponerle peso.
    Amasada en porciones circulares, rebozadas en harina sazonada y fritas, asadas o a la plancha, se convierten en deliciosas hamburguesas.

TORTA DE BUEY

INGREDIENTES

PARA 6–8 PERSONAS

1 kg de carne para estofar

50 g de harina sazonada

60 ml de aceite

450 g de cebollas, cortadas en trozos de 2,5 cm

4–5 dientes de ajo majados

350 g de zanahorias grandes, cortadas en rodajas de 1 cm

2 cucharaditas de hierbas mixtas secas

1 cucharadita de azúcar

1 cucharada de pimentón

15 ml de concentrado de tomate

275 ml de vino tinto

275 ml de caldo o agua

sal y pimienta

225 g de harina blanca

2½ cucharaditas de levadura en polvo

50 g de mantequilla o materia grasa

150 ml de leche fría con agua

temperaturas del horno
200 °C y 160 °C

PREPARACIÓN

♦ Elimine la grasa y la membrana de la carne y córtela en trozos de 3 cm. Rebócela con la harina sazonada y fríala rápidamente en el aceite por tandas hasta que esté dorada por completo. Pase la carne a una cazuela grande y espolvoréela con la harina restante.

♦ Rehogue las cebollas y el ajo hasta que empiecen a dorarse y agréguelo todo a la cazuela junto con las zanahorias, las hierbas, el azúcar, el pimentón, el concentrado de tomate, el vino, el caldo y el agua, abundante sal y pimienta.

♦ Remueva con cuidado y meta en el horno la cazuela sin tapar durante 20 minutos. Remueva de nuevo al cabo de 10 minutos.

♦ Cubra la cazuela con papel de aluminio, tápela y cuézala a temperatura baja durante 2 horas más, removiendo de vez en cuando. Añada más caldo o agua si parece seco.

♦ Para preparar la cobertura de la torta, tamice juntas la harina y la levadura en polvo e incorpore la mantequilla o la materia grasa hasta que la mezcla adquiera la textura del pan rallado.

♦ Agregue abundante sal y pimienta y suficiente leche y agua para elaborar una pasta blanda.

♦ Extiéndala con un rodillo sobre una superficie bien enharinada hasta que adquiera 1 cm de grosor y forme círculos de 3,5–5 cm.

♦ Pruebe el estofado y rectifique la condimentación, añadiendo un poco más de caldo o agua si es preciso.

♦ Disponga los círculos de pasta sobre el estofado caliente y cuézalo sin tapar a temperatura máxima de 20 a 30 minutos hasta que los círculos de pasta aumenten de volumen y estén bien dorados.

PASTA AL PASTORE

INGREDIENTES

PARA 6 PERSONAS

675 g de patatas

2 cebollas medianas picadas finas

2 dientes de ajo majados

45 ml de aceite de oliva

30 g de concentrado de tomate

175 ml de vino tinto

5 g de orégano o 10 g de mejorana
fresca, picada muy fina

5 g de albahaca seca o 10 g de
albahaca fresca, picada muy fina

10 g de pimentón   5 g de azúcar

sal y pimienta

675 g de carne picada de vacuno

50 g de mantequilla

30 ml de nata líquida

15 g de queso parmesano o
30 g de queso cheddar rallado

temperatura del horno
200 °C

PREPARACIÓN

♦ Pele las patatas y córtelas en trozos de 2,5 cm. Cuézalas en abundante agua salada durante 15 minutos hasta que estén blandas.
♦ Mientras tanto, rehogue las cebollas y el ajo en el aceite de oliva hasta que esté todo blando, a continuación suba el fuego y agregue el concentrado de tomate, el vino, las hierbas, el pimentón, el azúcar y salpimiéntelo todo.
♦ Incorpore la carne y cuézala a fuego medio durante 10 minutos, removiendo de vez en cuando, hasta que pierda su color rosado.
♦ Escurra las patatas, sazónelas con abundante sal y pimienta y hágalas puré, mezclándolas primero con la mantequilla y después con la nata.
♦ Extienda la carne caliente sobre una fuente para el horno y cúbrala con el puré de patatas.
♦ Esparza el queso por encima y hornéelo de 20 a 30 minutos, según el grosor de la carne y las patatas.
♦ Gratine la superficie a temperatura alta.

COSTILLAR DE CORDERO EN COSTRA AL AJO

INGREDIENTES

PARA 4–6 PERSONAS

2 costillares de cordero que comprendan de 6 a 8 costillas

3 dientes de ajo pelados

una ramita de romero

15 ml de aceite

45 g de pan blanco tierno rallado

30 g de jalea de grosellas rojas o guayaba calentada

1 cucharada de perejil picado

$^{1}/_{2}$ cucharadita de mostaza francesa

sal y pimienta

temperatura del horno 230 °C

PREPARACIÓN

◆ Coloque los costillares con el hueso hacia arriba y haga una incisión entre cada costilla por el extremo carnoso.

◆ Trocee un diente de ajo e inserte en cada incisión una rodaja de ajo y una ramita de romero.

◆ Disponga los costillares con la grasa hacia arriba en una fuente para el horno engrasada y haga cortes en forma de rejilla en la grasa.

◆ Machaque los dientes de ajo restantes y mézclelos con el pan rallado, la jalea previamente calentada, el perejil y la mostaza, y salpimiéntelo todo bien.

◆ Unte esta mezcla sobre los costillares de cordero y déjelo reposar de 1 a 2 horas. Áselos entre 25 y 35 minutos hasta que estén bien dorados pero conserven el color rosado en el centro.

CASSOULET DE SHEPHERD'S BUSH

INGREDIENTES

PARA 6–8 PERSONAS

750 g de judías blancas

225 g de una tira de panceta fresca sin salar

225 g de salchichas de Toulouse, cortadas en trozos de 2,5 cm

1 kg de espalda o pecho deshuesado de cordero, cortado en trozos de 3,5 cm

harina sazonada

45 ml de aceite de oliva

2 cebollas medianas troceadas

4 dientes de ajo majados

2 cucharadas de concentrado de tomate

1 cucharadita de azúcar

$\frac{1}{2}$ cucharadita de tomillo seco o una hoja de laurel

$\frac{1}{2}$ cucharadita de orégano seco

275 ml de vino tinto

sal y pimienta

550 ml de caldo o agua

temperaturas del horno 200 °C y 160 °C

PREPARACIÓN

Esta versión del estofado típico de la cocina francesa —sobre cuya receta exacta no parece haber dos franceses que coincidan, dicho sea de paso— fue creada durante mi residencia cerca del mercado de Shepherd's Bush de Londres.

◆ Lave las judías blancas y déjelas a remojo en agua fría toda la noche.

◆ Cambie el agua, añada la panceta y la hoja de laurel y cuézalo todo tapado durante una hora. Escúrralo, retire la hoja de laurel y corte la panceta en trozos de 2,5 cm. Ponga en una cazuela grande la panceta, las judías y las salchichas de Toulouse.

◆ Reboce la carne con harina sazonada, dórela en aceite y pásela a la cazuela.

◆ Rehogue las cebollas y el ajo en los restos del aceite hasta que empiece a dorarse todo. Agregue el concentrado de tomate, el azúcar, las hierbas, el vino y sazónelo todo con abundante sal y pimienta. Déjelo hervir durante un par de minutos y, a continuación, añádalo a la cazuela junto con el caldo o agua.

◆ Meta la cazuela sin tapar en el horno caliente durante 20 minutos, removiendo con cuidado ocasionalmente. Tape la cazuela, baje el fuego y prosiga la cocción 2½ horas más, removiendo de vez en cuando, hasta que el cordero y las judías estén tiernas.

◆ Tal vez deba añadir un poco más de agua si parece que queda seco.

◆ Este plato se conserva en excelentes condiciones dentro de la nevera; tanto es así que un plato de cassoulet suele durar una semana entera.

BROCHETAS DE CERDO CON AJO

INGREDIENTES

PARA 6 PERSONAS

1 cabeza de ajo, sin pelar
(unos 15 dientes)

½ cucharadita de comino molido

1 cucharadita de cilantro molido

½ cucharadita de canela molida

1 cucharadita de cúrcuma

75 g de azúcar

75 ml de zumo de lima

*ramitas de hierba luisa o melisa
bien machacadas (opcional)*

4 escalonias picadas

30 ml de aceite

1 kg de carne magra de cerdo

1 cebolla pequeña picada muy fina

1 trozo de 2,5 cm de jengibre rallado

guindilla en polvo al gusto

*175 g de cacahuetes crudos, tostados
y molidos*

sal al gusto

PREPARACIÓN

♦ Para preparar la marinada, pele y machaque 3 de los dientes de ajo y mézclelos con el comino, el cilantro, la canela, la cúrcuma, 10 g de azúcar, 30 ml de zumo de lima, la hierba luisa o la melisa, las escalonias y 15 ml de aceite.

♦ Meta los trozos de cerdo en una bolsa de plástico y vierta la marinada. Ate la bolsa, póngala sobre un plato en caso de que se derrame líquido, y déjela reposar en un lugar fresco de 2 a 4 horas.

♦ Sumerja los restantes dientes de ajo sin pelar en agua hirviendo y déjelos cocer unos 10 minutos o hasta que estén tiernos. Escúrralos, pélelos y córtelos a lo largo en 3 ó 4 trozos.

♦ Para preparar la salsa, fría la cebolla en el aceite restante con el jengibre rallado y la guindilla en polvo —no ponga demasiada cantidad; siempre puede añadir más posteriormente— hasta que esté transparente.

♦ Escurra la marinada del cerdo, retire la hierba luisa o la melisa, e incorpórelo a la cebolla. Déjelo hervir durante varios minutos.

♦ Añada el zumo de lima restante, el azúcar y los cacahuetes. Sazónelo con sal, más guindilla si es preciso y déjelo hervir hasta que se espese.

♦ Ensarte los trozos de cerdo marinado y de ajo alternativamente en brochetas finas —las de madera son las tradicionales—, de 5 a 7 trozos de cerdo en cada una, y aséalas a la parrilla unos 10 minutos, dándoles la vuelta, o a la plancha, untadas de aceite, hasta que estén doradas y hechas.

STROGANOFF DE HÍGADO

INGREDIENTES

PARA 4 PERSONAS

450 g de hígado de ternera, troceado muy fino

1 diente de ajo majado

15 ml de aceite

½ cucharadita de hojas de salvia fresca, machacadas y picadas

6 granos de pimienta negra machacados

½ cucharadita de pimentón

30 ml de vino blanco seco o jerez seco

225 g de cebollas enanas

50 g de mantequilla

25 g de harina

5 ml de jugo de ajo

150 ml de crema agria

sal y pimienta

PREPARACIÓN

♦ Corte el hígado en tiras de 0,5 x 5 cm.

♦ Rocíe por encima la mezcla de ajo machacado, aceite, salvia, granos de pimienta, pimentón y vino o jerez, y déjelo marinar en un lugar fresco de 2 a 4 horas, removiéndolo ocasionalmente.

♦ Pele las cebollas —si se blanquean en agua hirviendo durante 30 segundos la piel se despegará con mayor facilidad— y hágalas sudar en mantequilla tapadas de 10 a 20 minutos hasta que queden tiernas. Retire las cebollas del cazo y resérvelas.

♦ Escurra la marinada del hígado, rebócelo con la harina y fríalo en la mantequilla con los jugos de las cebollas durante un minuto como máximo por cada lado.

♦ Añada el jugo de ajo y las cebollas y déjelo hervir todo durante un minuto más.

♦ Apártelo del fuego, incorpore la crema agria, salpiméntelo al gusto y sírvalo en seguida.

POLLO AL AJO

INGREDIENTES

PARA 4–6 PERSONAS

3 cabezas de ajo (unos 35 dientes)

1,5–2 kg de pollo para asar

175 g de requesón o queso tierno
de bajo contenido en grasa

1 cucharada de cebollino picado

1 cucharada de perejil picado

sal y pimienta

225 g de uvas blancas (sin pepitas y
no demasiado dulces)

una ramita de romero

30 g de mantequilla

temperatura del horno
180 °C

PREPARACIÓN

◆ Sumerja los ajos sin pelar, salvo 2 dientes, en un cazo con agua hirviendo durante 30 segundos, escúrralos y pélelos.

◆ Déjelos hervir 2 minutos más, escúrralos y resérvelos.

◆ Pele uno de los dientes reservados y pártalo por la mitad. Frótelo por el lado del corte a lo largo de la pechuga y las patas del pollo, y trocéelo después junto con la otra mitad del ajo.

◆ Pele y machaque el último diente de ajo y mézclelo con el requesón o el queso de bajo contenido en grasa, el cebollino y el perejil. Salpimiéntelo todo bien.

◆ Introduzca los dedos bajo la piel de la pechuga del pollo y procure despegarla de la carne sin desgarrarla.

◆ Inserte la mezcla de queso entre la piel despegada y la carne, cubriendo por completo la pechuga.

◆ Rellene el cuerpo del pollo con el ajo blanqueado y las uvas, junto con la mayor parte del romero.

◆ Coloque el pollo en una fuente para el horno engrasada e inserte trozos de ajo y ramitas de romero entre las patas y las alas del pollo.

◆ Espolvoree el pecho de sal y salpíquelo de mantequilla. Proteja la pechuga y las puntas de las patas con papel de aluminio.

◆ Hornéelo durante una hora y media aproximadamente, hasta que el jugo deje de salir rosado, y retire el papel de aluminio en los últimos 20 minutos de cocción para que se dore la piel hasta que esté crujiente.

POLLO A LA CRIOLLA

INGREDIENTES

PARA 6–8 PERSONAS

8 trozos de pollo

100 g de gambas peladas

2 cucharadas de aceite de oliva

$^1/_2$ cucharadita de estragón seco

2 dientes de ajo majados

$^1/_4$ cucharadita de salsa de guindilla o pimienta de Cayena

1 cebolla grande troceada muy fina

1 pimiento rojo, sin corazón y troceado muy fino

salsa de tomate concentrada (vea página 59)

temperaturas del horno

180 °C y 220 °C

PREPARACIÓN

◆ Haga algunas incisiones en los trozos de pollo y colóquelos en un plato, con las gambas a un lado. Rocíelo todo con la mezcla de aceite, estragón, ajo, salsa de guindilla o pimienta de Cayena. Déjelo marinar como mínimo una hora antes de la cocción.

◆ Escurra la marinada en una sartén, retire las gambas y resérvelas.

◆ Fría el pollo en la marinada caliente de 7 a 10 minutos, girándolo de vez en cuando, hasta que esté bien dorado. Dispóngalo en una fuente para el horno.

◆ Fría la cebolla y el pimiento rojo en el aceite sobrante de la sartén hasta que la cebolla empiece a dorarse, y reparta el sofrito sobre el pollo.

◆ Vierta la salsa de tomate sobre la verdura y el pollo, tape la sartén con papel de aluminio y cuézalo todo a fuego lento durante 30 minutos.

◆ Retire el papel de aluminio, suba el fuego y cuézalo todo 20 minutos más; añada las gambas 5 minutos antes de servir para calentarlas bien.

———————————VARIANTE———————————

◆ Pruebe esta receta con bacalao; no necesitará freírlo previamente.

MOLE DE ACCIÓN DE GRACIAS

INGREDIENTES

PARA 8 PERSONAS

huesos de pavo   1 l de agua

2 cebollas medianas picadas gruesas

4 dientes de ajo picados gruesos

sal y pimienta

100 g de pimientos morrones en conserva, picados gruesos

1 pimiento rojo pequeño, sin semillas y picado

225 g de tomates maduros, sin piel ni semillas y picados

1 rebanada gruesa de pan blanco tostada y desmenuzada

100 g de almendras molidas

50 g de semillas de sésamo

30 ml de aceite o manteca de cerdo

1 cucharadita de cilantro molido

$^1/_2$ cucharadita de pimienta de Jamaica molida

guindilla en polvo al gusto

2 cucharaditas de azúcar moreno

50 g de chocolate sin azucarar, en trocitos

1 kg de carne de pavo frío desmenuzado

PREPARACIÓN

Esta versión moderna de una de las especialidades mexicanas más famosas introduce un cambio en los métodos normales de utilización de las sobras del pavo de Navidad y Acción de Gracias, y resulta igualmente sabrosa preparada con pollo. Sirva este plato con arroz hervido, judías refritas, tortillas, un cuenco de guacamole (vea página 40) y cerveza en abundancia.

◆ Cueza lentamente los huesos de pavo en el agua con un tercio de la cebolla, un cuarto del ajo y abundante sal y pimienta, durante 45 minutos, al cabo de los cuales obtendrá un sustancioso caldo.

◆ Mezcle la cebolla y el ajo restantes, los pimientos, el pimiento rojo, los tomates, el pan, las almendras molidas, la mitad de las semillas de sésamo y la mitad del caldo de pavo, y redúzcalo todo a un puré homogéneo.

◆ En una cacerola grande de fondo pesado caliente el aceite o la manteca de cerdo, el cilantro, la pimienta de Jamaica, la guindilla en polvo —siempre puede agregar más posteriormente si no resulta lo bastante picante para su gusto— y azúcar moreno, durante un par de minutos.

◆ Incorpore la salsa hecha puré y remuévala a fuego medio durante 5 minutos. Añada el chocolate y suficiente caldo para diluir la salsa hasta que adquiera la consistencia de la nata espesa. Salpimiéntela al gusto.

◆ Baje el fuego y prosiga la cocción lentamente, removiendo de vez en cuando, durante 10 minutos. Agregue el pavo y caliéntelo todo durante 10 minutos más.

◆ Tueste las semillas de sésamo restantes a fuego medio y espárzalas sobre el pavo justo antes de servir.

ALAS DE POLLO PICANTES

INGREDIENTES

PARA 3–4 PERSONAS

2 dientes de ajo majados

45 ml de aceite

3 pizcas de pimienta de Cayena

¹/₂ cucharadita de orégano

1 cucharadita de pimentón

10 ml de vinagre

1 cucharadita de azúcar

30 ml de vino blanco

sal y pimienta

10 alas de pollo

harina sazonada

PREPARACIÓN

♦ Mezcle el ajo, la mitad del aceite, la pimienta de Cayena, el orégano, el pimentón, el vinagre, el azúcar, el vino blanco, y abundante sal y pimienta.

♦ Haga algunas incisiones en cada ala de pollo y métalas en una bolsa de plástico.

♦ Mézclelas con la marinada y cierre la bolsa. Póngala en un cuenco en caso de que se derrame líquido, y déjela en un lugar fresco de 2 a 4 horas.

♦ Escurra la marinada de las alas de pollo y rebócelas con la harina sazonada.

♦ Fríalas en el aceite restante durante unos 10 minutos, girándolas ocasionalmente, hasta que estén bien doradas.

—— PARA SERVIR ——

Escurra el pollo sobre papel de cocina y sírvalo caliente acompañado de arroz integral y ensalada.

MILHOJAS DE POLLO FRÍO

INGREDIENTES

PARA 4–6 PERSONAS

350 g de masa de hojaldre

100 ml de aderezo de ajo básico
(vea página 58)

8–10 corazones de alcachofa de lata,
cortados en cuartos

7 ml de aceite

1 diente de ajo majado

1 cucharadita de cilantro molido

½ cucharadita de comino molido

½ cucharadita de cúrcuma

½ cucharadita de pimentón

2 pizcas de pimienta de Cayena

15 ml de zumo de limón

100 g de nata montada espesa

225 g de pollo cocido frío, cortado
en trozos o desmenuzado

sal y pimienta

2 cucharadas de perejil picado
muy fino

1 cucharada de mayonesa o alioli
(vea página 54)

temperatura del horno
230 °C

PREPARACIÓN

♦ Extienda la pasta con el rodillo hasta que quede bien fina y córtela en tres tiras de 10 cm de anchura aproximadamente. Pinche toda la superficie de la pasta con un tenedor y hornéela de 7 a 10 minutos hasta que aumente de volumen y esté dorada. Déjela enfriar sobre una rejilla hasta su uso.

♦ Caliente el aderezo de ajo básico y viértalo sobre los corazones de alcachofa. Déjelo reposar durante 1 hora como mínimo.

♦ Para preparar la salsa que acompaña al pollo, caliente el aceite y añada después el ajo, el cilantro, el comino, la cúrcuma, el pimentón y la pimienta de Cayena. Remuévalo todo a fuego medio durante varios minutos. Retírelo del fuego, añada el zumo de limón y vierta o bien escurra la mezcla sobre la nata. Mezcle el pollo con la salsa y salpiméntelo todo al gusto.

♦ Para elaborar el pastel milhojas, coloque una tira de la pasta cocida sobre una fuente y extienda por encima la mitad de la mezcla de pollo. Escurra el aderezo de los corazones de alcachofa, agréguele el perejil y vierta la mitad del aliño sobre el pollo. Cúbralo con la segunda tira de pasta, el pollo restante y el resto de la mezcla de alcachofa.

♦ Unte la cara interna de la lámina final de pasta con la mayonesa o el alioli y ejerza presión con cuidado de modo que la parte untada se adhiera a la mezcla de alcachofa y perejil.

———————— PARA SERVIR ————————

♦ Córtelo en porciones con ayuda de un cuchillo serrado muy afilado y sírvalo en seguida.

VERDURAS Y ENSALADAS

Página derecha: Boniatos al gratén (*vea página 90*)

BONIATOS AL GRATÉN

INGREDIENTES

PARA 4–6 PERSONAS

675 g de boniatos

1 cebolla pequeña troceada muy fina

2 dientes de ajo picados muy finos

25 g de harina sazonada

150 ml de leche

25 g de mantequilla

2 cucharaditas de azúcar moreno
(opcional)

temperatura del horno
200 °C

PREPARACIÓN

Esta receta se prepara normalmente con patatas indicadas para asar, pero encuentro que los boniatos y el ajo forman una combinación insólita de excelente sabor, especialmente servida con pescado o jamón.

◆ Limpie los boniatos y córtelos sin pelar en rodajas muy finas que no superen 0,25 cm de grosor.

◆ Cubra una fuente para el horno bien engrasada o una cazuela de barro pequeña con una capa de rodajas de boniato y esparza por encima la cebolla troceada, el ajo y la harina sazonada.

◆ Repita la operación, intercalando las sucesivas capas hasta finalizar con una de boniatos.

◆ Vierta suficiente leche para cubrir los boniatos hasta la mitad y salpíquelos de mantequilla.

◆ Espolvoréelos de azúcar moreno y hornéelos de 30 a 45 minutos, dependiendo del grosor.

AJO REHOGADO CON MANTEQUILLA

INGREDIENTES

PARA 3–4 PERSONAS

4 cabezas de ajo grandes
(unos 60 dientes)

75 g de mantequilla

sal y pimienta

PARA SERVIR

2 cucharadas de perejil fresco
picado muy fino

PREPARACIÓN

En la Edad Media el ajo gozaba de gran popularidad como hortaliza y se conocía con el nombre de "aquapatys". Sin duda ha llegado el momento de recuperar este plato de sabor sorprendentemente delicado.

◆ Separe los dientes de ajo y hiérvalos en agua salada durante 15 minutos, hasta que estén tiernos.

◆ Escúrralos, pélelos con cuidado y rehóguelos en mantequilla de 5 a 7 minutos más. Salpiméntelos al gusto.

—————— PARA SERVIR ——————

Añada al plato perejil picado y sírvalo.

INTERALLIA

INGREDIENTES

PARA 4–6 PERSONAS

3 cabezas de ajo sin pelar
(unos 35 dientes)

350 g de cebollas enanas

50 g de mantequilla

unos 350 g de puerros tiernos, limpios
y cortados en trozos de 2,5 cm

100 ml de agua

25 g de harina

¹/₂ cucharadita de mostaza inglesa

¹/₄ cucharadita de cúrcuma

¹/₂ cucharadita de azúcar

150 ml de leche caliente

45 ml de nata líquida

sal y pimienta

PARA SERVIR

15 g de cebolletas o escalonias,
picadas finas (sólo la parte verde)

1 cucharada de cebollino picado
muy fino

PREPARACIÓN

Este plato recibe dicho nombre pues se compone de cinco hortalizas pertenecientes a la familia Allium integradas en una deliciosa mezcla vegetal.

♦ Separe los dientes de ajo y blanquéelos junto con las cebollas en agua hirviendo durante un par de minutos. Escúrralos y pélelos.
♦ Rehóguelos muy lentamente con la mitad de la mantequilla de 7 a 10 minutos y, a continuación, incorpore los puerros y el agua. Llévelo todo a ebullición y resérvelo.
♦ Derrita la mantequilla restante en una cacerola pequeña, añada la harina, la mostaza, la cúrcuma y el azúcar, y remueva unos minutos.
♦ Suba el fuego, escurra el agua de las hortalizas en la cacerola y agregue la leche caliente. Déjelo hervir durante 5 minutos.
♦ Vierta la salsa sobre las verduras y prosiga la cocción hasta que *queden* tiernas.
♦ Apártelas del fuego y añada poco a poco la nata, y salpiméntelas después al gusto.

——— PARA SERVIR ———
Incorpore finalmente las cebolletas o escalonias y el cebollino.
Este plato resulta especialmente sabroso con cordero o jamón ahumado.

RATATOUILLE

INGREDIENTES

PARA 6–8 PERSONAS

2 cebollas grandes picadas gruesas

3 dientes de ajo majados

60 ml de aceite de oliva

2 berenjenas medianas cortadas
en trozos

3 pimientos rojos grandes, sin
semillas y troceados

2 calabacines medianos cortados en
rodajas

675 g de tomates maduros, pelados
y picados gruesos

1 cucharadita de azúcar

sal y pimienta

PARA SERVIR

2 cucharadas de perejil picado
(opcional)

PREPARACIÓN

Esta especialidad típica de la cocina francesa puede consumirse fría o caliente. Se sirve tanto como acompañamiento, cobertura para pasta o plato único con abundante queso rallado.

◆ Rehogue las cebollas y el ajo en el aceite a fuego lento durante unos 15 minutos, hasta que estén transparentes.

◆ Añada las berenjenas, los pimientos y los calabacines. Tape la sartén y déjelo cocer todo durante media hora, o hasta que las verduras queden tiernas.

◆ Añada los tomates, el azúcar y condiméntelo al gusto. Prosiga la cocción 5 minutos más.

— PARA SERVIR —

Espolvoree la ratatouille con perejil justo antes de servir.

NABOS CON AJO GLASEADOS

INGREDIENTES

PARA 4 PERSONAS

2 cabezas de ajo (unos 25 dientes)
sin pelar

450 g de nabos tiernos cortados
en cuartos

150 ml de agua

50 g de mantequilla

1½ cucharada de azúcar

sal y pimienta

PARA SERVIR

1 cucharada de perejil picado
muy fino

PREPARACIÓN

♦ Separe los dientes de ajo y blanquéelos en agua hirviendo durante 5 minutos, escúrralos y pélelos.

♦ Cueza a fuego lento el ajo, los nabos, el agua, la mantequilla, el azúcar y un poco de sal y pimienta en una cazuela de fondo pesado tapada durante 20 minutos, hasta que el ajo y los nabos queden tiernos, pero no blandos. Si llegado este momento el líquido no se ha evaporado hasta adquirir la consistencia de un glaseado espeso, destape la cazuela y reduzca el exceso.

PARA SERVIR

Rectifique la condimentación y sírvalo espolvoreado de perejil.

Este plato resulta muy apropiado como guarnición de carnes asadas, especialmente de buey y jamón.

PURÉ DE PATATAS CON AJO

INGREDIENTES

PARA 6 PERSONAS

3 cabezas de ajo (unos 35 dientes)

100 g de mantequilla

25 g de harina

¹/₄ cucharadita de nuez moscada

¹/₄ cucharadita de mostaza inglesa

275 ml de leche hirviendo

sal y pimienta

1 kg de patatas harinosas

45 ml de nata líquida

PREPARACIÓN

♦ Separe los dientes de ajo y blanquéelos en agua hirviendo durante 1 minuto, escúrralos y pélelos.

♦ Rehóguelos tapados en la mitad de la mantequilla durante 20 minutos hasta que estén tiernos.

♦ Incorpore la harina, la nuez moscada y la mostaza y remuévalo todo durante varios minutos sin dejar que se dore.

♦ Apártelo del fuego y agregue la leche hirviendo. Sazónelo con abundante sal y pimienta.

♦ Póngalo al fuego nuevamente y déjelo hervir durante 5 minutos. Páselo todo por un tamiz o bátalo hasta obtener un puré homogéneo.

♦ Devuélvalo a la cazuela y déjelo cocer 2 minutos más.

♦ Pele las patatas y córtelas en trocitos. Cuézalas durante unos 15 minutos o hasta que estén tiernas y escúrralas. Hágalas puré junto con la mantequilla restante.

♦ Mézclelo con el puré de ajo recalentado seguido de la nata, a cucharadas. La mezcla final no debe resultar demasiado líquida. Salpiméntela al gusto y sírvala de inmediato.

Este puré resulta especialmente adecuado con salchichas, bistecs y pollo asado, o como fondo para huevos al horno. En el caso más que improbable de que sobre algo, puede enfriarlo y amasarlo en forma de hamburguesas, rebozarlas con harina y dorarlas por ambos lados.

ARROZ INTEGRAL A LA BONANZA

INGREDIENTES

PARA 4 PERSONAS

2 dientes de ajo majados

1 cebolla mediana picada muy fina

$^1/_2$ pimiento rojo pequeño troceado muy fino

30 ml de aceite

225 g de arroz integral

450 ml de consomé en conserva

225 ml de agua

sal y pimienta

PREPARACIÓN

♦ Saltee en el aceite el ajo, la cebolla y el pimiento rojo hasta que la cebolla esté transparente y empiece a dorarse.

♦ Añada el arroz y cuézalo durante varios minutos, removiendo bien.

♦ Vierta el consomé y el agua, tape la cazuela y déjelo cocer todo de 30 a 35 minutos hasta que el arroz quede tierno. Salpiméntelo al gusto y sírvalo.

♦ Este arroz combina a la perfección con pollo.

DHAL

INGREDIENTES

PARA 4 PERSONAS

22 ml de mantequilla clarificada o aceite

3–4 dientes de ajo majados

2 cucharaditas de cúrcuma

1 guindilla verde pequeña, sin semillas y picada muy fina o 2 pizcas de guindilla en polvo

2 cucharaditas de cilantro molido

1 cucharadita de comino molido

2 cebollas medianas picadas finas

200 g de lentejas partidas rojas

675 ml de agua o caldo

1 cucharada de concentrado de tomate

½ cucharadita de azúcar

sal y pimienta

PREPARACIÓN

♦ Caliente la mantequilla clarificada o el aceite en un cazo pesado grande y fría el ajo y las especias durante varios minutos.

♦ Incorpore la cebolla y cuando empiece a dorarse añada las lentejas.

♦ Agregue el agua o el caldo, el concentrado de tomate y el azúcar, y llévelo todo a ebullición.

♦ Cueza el dhal de 40 a 50 minutos hasta que las lentejas empiecen a deshacerse.

♦ Condiméntelo con abundante sal y un poco de pimienta y sírvalo.

VARIANTE

Para obtener una sopa de lentejas realmente sabrosa, basta con doblar la cantidad de agua o caldo y pasar el dhal cocido por un tamiz o batirlo.

Este plato puede prepararse también con guisantes partidos amarillos, que deben ponerse en remojo toda la noche en agua caliente. Cueza el dhal durante una hora y media aproximadamente, hasta que los guisantes estén tiernos.

ENSALADA DE JUDÍAS BLANCAS

INGREDIENTES

PARA 4 PERSONAS

225 g de judías blancas secas

175 ml de aderezo de ajo básico (vea página 58)

2 dientes de ajo majados

1 pimiento rojo grande, sin semillas y cortado muy fino

2 puerros pequeños cortados muy finos

15 g cebolletas o escalonias picadas muy finas (sólo la parte verde)

PREPARACIÓN

♦ Cubra las judías blancas con agua hirviendo y déjelas toda la noche en remojo.

♦ Escúrralas, cúbralas de nuevo con agua limpia y póngalas a hervir de una hora y media a dos horas, hasta que estén tiernas. Tal vez deba añadir más agua de vez en cuando para evitar que se peguen.

♦ Escurra las judías y, mientras estén aún calientes, rocíelas con el aderezo de ajo básico. Incorpore el ajo majado y refrigérelo todo hasta su consumo.

♦ Antes de servir, añada el pimiento y los puerros y esparza por encima las cebolletas o escalonias picadas.

VARIANTE

Suprima los puerros y las cebolletas o escalonias, y añada 2 cucharadas de menta fresca picada gruesa justo antes de servir.

ENSALADA DE ENDIBIA, NARANJA Y NUECES

INGREDIENTES

PARA 4–6 PERSONAS

4 endibias gordos

2 naranjas dulces grandes

75 g de nueces partidas por la mitad

45 ml de aceite de oliva o de nuez

15 ml de zumo de limón

1 diente de ajo majado muy fino

$^1/_2$ cucharadita de azúcar

PREPARACIÓN

♦ Corte las endibias en trozos de 1 cm.
♦ Pele y trocee las naranjas o divídalas en gajos, quitándoles la piel blanca.
♦ Pique en trocitos las nueces y reserve algunas para decorar.
♦ Mezcle el aceite de oliva o de nuez, el zumo de limón y el azúcar y aliñe con este aderezo la ensalada de endibia, naranja y nueces.
♦ Decórela con las nueces reservadas y sírvala fría.

ENSALADA DE PASTA

INGREDIENTES

PARA 4 PERSONAS

225 g de pasta seca: lazos, caracolas y espirales

¹/₂ cucharada de aceite

1 cucharada de concentrado de ajo (vea página 113) ó 2 dientes de ajo majados

150 ml de mayonesa

15 ml de nata líquida

175 g de champiñones cuarteados

175 g de salchicha de ajo en rodajas, cortada en tiras y frita hasta que esté crujiente

25 g de cebolletas o escalonias picadas muy finas

sal y pimienta al gusto

PREPARACIÓN

♦ Cueza la pasta con el aceite en abundante agua salada hirviendo entre 15 y 20 minutos, hasta que esté al dente. Escúrrala bien, y mientras esté aún caliente mézclela con los ingredientes restantes.

♦ Sírvala caliente o fría.

———VARIANTE———

Varíe el aderezo utilizando la mitad de la mayonesa y la mitad del pesto (vea página 54).

♦ Use alioli (vea página 54) en lugar de mayonesa. Probablemente no necesitará más ajo.

♦ Pueden agregarse otras muchas verduras o frutos secos, solos o combinados: pimiento picado o troceado, calabacines cortados muy finos o rallados, aguacates cortados en dados, cacahuetes tostados, almendras o nueces blanqueadas, piñones.

♦ La ensalada de pasta resulta igualmente deliciosa con 100 ml de aderezo de ajo básico (vea página 58) en lugar de la mayonesa y la nata. Este aderezo combina especialmente con corazones de alcachofa cuarteados y anacardos tostados.

TZATZIKI

INGREDIENTES

PARA 4 PERSONAS

1 pepino grande sin pelar

$^1\!/_2$ cucharadita de sal

2 dientes de ajo picados muy finos

450 g de yogur griego espeso

pimienta

un poco de zumo de limón

PREPARACIÓN

♦ Ralle grueso el pepino en un colador. Espolvoréelo de sal y déjelo escurrir durante 1 hora.

♦ Mezcle el pepino escurrido y el ajo con el yogur y añada pimienta y zumo de limón al gusto.

♦ Sírvalo frío.

PANES Y PIZZAS

Página derecha: Pan de ajo (*vea página 104*)

PAN DE AJO

INGREDIENTES

1 baguette

mantequilla de ajo (vea página 60) reblandecida

5 g de hierbas mixtas frescas picadas (opcional)

temperatura del horno
180 °C

PREPARACIÓN

♦ Corte el pan en rebanadas, sin llegar hasta la base de la barra.
♦ Unte cada rebanada por ambos lados con la mantequilla de ajo reblandecida y espolvoréela de hierbas.
♦ Envuelva la barra en papel de aluminio y caliéntela en el horno durante 20 minutos aproximadamente.

――――――――――― VARIANTES ―――――――――――

Panecillos de ajo: Corte el tercio superior de los panecillos de pan blanco o integral y extraiga la mayor parte de la miga. Desmenúcela y mézclela con la mantequilla de ajo clarificada y algunas semillas de amapola o hierbas mixtas. Rellene los panecillos vaciados con la mezcla resultante, ponga encima las tapaderas y caliéntelos antes de servirlos.

Pan tierno de ajo: Vacíe el interior de una barra de pan tierno con dos tenedores y corte la miga en trocitos, despedazándola ligeramente. Póngala en una placa para el horno, rocíela con mantequilla de ajo clarificada derretida y hornéela a 190 °C hasta que esté crujiente.

Costrones de ajo al horno: A diferencia de los costrones de ajo fritos, éstos pueden mantenerse calientes en el horno hasta su uso. Unte rebanadas de pan blanco, sin la corteza, con mantequilla de ajo reblandecida. Córtelas en daditos y dispóngalos con la mantequilla hacia arriba sobre una bandeja de horno engrasada para hornearlos a 190 °C hasta que estén crujientes y dorados.

PAN DE LECHE CON AJO

INGREDIENTES

1 cabeza de ajo (unos 12 dientes)
275 ml de leche
450 g de harina calentada
5 g de sal
25 g de mantequilla derretida
1 cucharada de levadura fresca
¹/₂ cucharadita de azúcar
1 huevo bien batido
sal gema
un poco de ajo picado muy fino (opcional)
temperatura del horno 230 °C

PREPARACIÓN

◆ Blanquee los dientes de ajo separados y sin pelar en agua hirviendo durante 5 minutos.

◆ Escúrralos y pélelos, y cuézalos en la leche de 10 a 15 minutos hasta que estén tiernos.

◆ Tamice la harina con la sal y haga un hueco en el centro.

◆ Pase la leche y el ajo por un tamiz o bátalos hasta obtener una mezcla homogénea e incorpórela a la mantequilla derretida.

◆ Bata la levadura con el azúcar y agregue el resultado a la leche de ajo caliente junto con el huevo batido y, por último, la harina.

◆ Mezcle bien los ingredientes y trabájelos ligeramente hasta obtener una masa homogénea y blanda.

◆ Déjela reposar, tapada, en un lugar cálido durante una hora aproximadamente para que aumente de volumen.

◆ Forme con la masa una barra grande o dos pequeñas y colóquelas sobre una placa para el horno engrasada. Haga varias incisiones paralelas a lo largo de la barra y déjela reposar durante 15 minutos.

◆ Espolvoree el pan con sal gema y un poco de ajo picado, y hornéelo de 20 a 30 minutos hasta que esté bien dorado y la base de la barra suene hueca al golpearla ligeramente.

——————— VARIANTES ———————

Deje los dientes de ajo enteros o añada 50 g de piñones, tostados con un poco de aceite, a la masa antes de dejar que aumente de volumen.

BOLLITOS DE AJO

INGREDIENTES

PARA 12 UNIDADES

225 g de harina

2¹/₂ cucharaditas de levadura en polvo

sal y pimienta blanca

50 g de mantequilla o margarina

150 ml de leche y agua mezcladas

2 dientes de ajo majados muy finos

temperatura del horno
230 °C

PREPARACIÓN

◆ Tamice juntos los ingredientes secos y mézclelos con la mantequilla o la margarina hasta que la mezcla adquiera la consistencia del pan rallado fino.

◆ Agregue el ajo majado y suficiente leche para formar una masa blanda pero no húmeda.

◆ Divida la masa en dos, espolvoréela de harina y presione cada parte para que adquiera la forma de un pastelito redondo de 2 cm de grosor.

◆ Coloque cada parte sobre una placa para el horno y divídalas en seis con un cuchillo, sin llegar a separar las piezas.

◆ Hornee los bollitos de 10 a 15 minutos hasta que queden dorados, hayan aumentado de volumen y la parte inferior suene hueca al golpearla ligeramente.

◆ Sírvalos calientes, divídalos y acompáñelos con mantequilla.

―――――――VARIANTE―――――――
Incorpore a la masa 75 g de queso cheddar picado grueso antes de añadir la leche y el agua.

PAN BAGNA

INGREDIENTES

PARA 4 PERSONAS

1 barra de pan blanco mediana

30 ml de aceite de oliva

1 cebolla grande troceada muy fina

2–3 dientes de ajo picados muy finos

350 g de tomates, sin piel ni semillas y troceados

12 aceitunas negras deshuesadas

¹/₂ cucharadita de orégano seco

¹/₂ cucharadita de azúcar

sal y pimienta al gusto

PREPARACIÓN

◆ Corte el tercio superior de la barra y extraiga la mayor parte de la miga (ésta puede utilizarse como pan rallado en otras recetas).

◆ Caliente el aceite y fría la cebolla y el ajo hasta que la primera empiece a dorarse, baje el fuego y prosiga la cocción hasta que la cebolla esté transparente.

◆ Incorpore los tomates, las aceitunas, el orégano, el azúcar, y abundante sal y pimienta negra recién molida. Remuévalo todo bien y apártelo del fuego.

◆ Rellene la barra vaciada con esta mezcla (vea la fotografía) y ponga encima la tapadera.

◆ Envuelva la barra rellena en papel de aluminio y métala en una bolsa de plástico. Presione el pan con un plato y varias latas.

◆ Déjelo en el frigorífico de 2 a 4 horas y sírvalo frío en rebanadas gruesas. Preparado de este modo constituye una excelente comida campestre.

―――VARIANTE―――

Suprima la cebolla y utilice 700 g de tomates. Mézclelos junto con el ajo, el aceite, las aceitunas, el azúcar y condiméntelo todo bien. Sustituya el orégano seco por 2 cucharaditas de albahaca o mejorana fresca picada fina.

PIZZA NAPOLITANA CON AGLIO

INGREDIENTES

PARA 4 PERSONAS

225 g de harina tamizada

1 cucharada de levadura fresca

$^1/_2$ cucharadita de azúcar

agua tibia para mezclar

$^1/_2$ cucharadita de sal

675 g de tomates maduros, sin piel
ni semillas y picados gruesos

pimienta negra recién molida

12 filetes de anchoa

10 g de albahaca fresca picada fina

2–3 dientes de ajo picados muy finos

175 g de queso mozzarella cortado
en lonchas finas

22 ml de aceite de oliva

temperatura del horno
230 °C

PREPARACIÓN

♦ Ponga la harina en un cuenco grande y haga un hueco en el centro.

♦ Mezcle la levadura, el azúcar y 30 ml de agua tibia en una taza y vierta la mezcla en la harina.

♦ Añada la sal y mézclelo todo bien, agregando suficiente agua tibia para obtener una masa dura.

♦ Trabájela sobre una tabla bien enharinada hasta que quede ligera y elástica. Cúbrala con un paño limpio y déjela reposar en un lugar cálido de 2 a 2$^1/_2$ horas hasta que doble su tamaño.

♦ Extienda la masa en un disco de 0,5 cm de grosor y colóquela sobre una placa para el horno grande bien engrasada. Déjela reposar unos 10 minutos para que tenga tiempo de subir.

♦ Cubra la base de la pizza con tomates, abundante pimienta, ajo y albahaca seguida de las anchoas y el queso mozzarella en lonchas. Finalmente rocíe la superficie de aceite.

♦ Hornee la pizza de 25 a 35 minutos, hasta que la masa esté cocida y el queso forme burbujas.

PIZZAS RÁPIDAS

INGREDIENTES

PARA 4 PIZZAS PEQUEÑAS

225 g de harina

½ cucharadita de sal

1 cucharadita de levadura en polvo

60 ml de aceite de oliva

agua, para mezclar

*200 ml de salsa de tomate
concentrada (vea página 59)*

*1 cucharadita de mejorana fresca o
½ cucharadita de orégano seco*

*50 g de aceitunas negras
deshuesadas*

*175 g de queso cheddar cortado en
lonchas finas*

1 diente de ajo picado muy fino

temperatura del horno
230 °C

PREPARACIÓN

♦ Tamice la harina junto con la sal y la levadura en polvo, e incorpore el aceite y suficiente agua para obtener una masa muy pegajosa.
♦ Divídala en cuatro y ejerza presión sobre cada porción para formar una pizza redonda de 15 cm de diámetro.
♦ Cubra las bases con salsa de tomate, mejorana u orégano, aceitunas y queso, y espolvoree de ajo.
♦ Hornéelas de 15 a 20 minutos hasta que la masa esté cocida y el queso quede dorado y forme burbujas.

————————VARIANTE————————
Puede añadir jamón picado, bacon frito, tiras de salami, champiñones pequeños cortados en láminas o pimiento rojo en rodajas.

CONSERVAS

Página derecha: Esencia de guindilla y ajo (*vea* página 112)

ESENCIA DE GUINDILLA Y AJO

INGREDIENTES

10 dientes de ajo

5 guindillas verdes pequeñas

jerez para cocinar

PREPARACIÓN

Unas gotitas de esta esencia bastan para realzar el sabor de sopas y guisos, pero dada la intensidad de su aroma y sabor, debe utilizarse con precaución.

♦ Pele y parta el ajo por la mitad y pinche la superficie de las guindillas.
♦ Mezcle ambos ingredientes en una botella de vino.
♦ Cúbralos de jerez y llene la botella dejando espacio para el corcho.
♦ Tape la botella con el corcho y déjela reposar sin tocarla durante un par de semanas.
♦ De vez en cuando puede volver a llenarla de jerez.

VINAGRE DE AJO

INGREDIENTES

8–10 dientes de ajo

un poco de sal gruesa

550 ml de vinagre de vino blanco o de estragón

PREPARACIÓN

Este vinagre resulta muy práctico en aderezos para ensalada y marinadas para pescado, pollo y marisco.

♦ Machaque el ajo finamente con sal y póngalo en un tarro grande resistente al calor.
♦ Lleve el vinagre a ebullición y viértalo sobre el ajo.
♦ Déjelo enfriar y tápelo después. Déjelo macerar de 2 a 3 semanas.
♦ Cuele el vinagre y embotéllelo para su uso.

———VARIANTE———

El vinagre de ajo de vino tinto, indicado para marinadas sumamente condimentadas como las que se utilizan para estofados de buey, asados de olla y caza, se elabora reservando el líquido final de las botellas de vino tinto y dejando que se "agrie". Utilice 10 dientes de ajo por 550 ml de líquido y caliente el vinagre hasta que alcance la temperatura de la mano antes de verterlo sobre el ajo majado.

PURÉ DE AJO

INGREDIENTES

4 cabezas de ajo (unos 50 dientes)

30 ml de aceite de oliva

sal y pimienta

PREPARACIÓN

Este plato constituye un complemento práctico y sabroso de sopas, guisos, salsas, aderezos para ensalada —especialmente mayonesa envasada o casera— y como condimento para fiambres. La cocción elimina cualquier rastro de sabor acre y el puré resulta mucho menos crudo y amargo que el producto comercializado. Asimismo ofrece un delicioso sabor untado en tostadas bajo huevos escalfados o revueltos.

◆ Cueza los dientes de ajo sin pelar en agua ligeramente salada de 20 a 25 minutos hasta que estén tiernos. Escúrralos y déjelos enfriar.
◆ Pele los dientes de ajo, recortando la punta dura de la raíz y las partes descoloridas.
◆ Redúzcalos a una pasta homogénea y viscosa con ayuda de un tenedor.
◆ Agregue el aceite, removiendo, y salpimiente la pasta al gusto.
◆ Meta el puré en un tarro de cristal y tápelo herméticamente.
◆ Este puré se conserva en la nevera durante 4 ó 5 días, y puede congelarse en una bandeja de cubitos de hielo reservada para esta función.

JALEA DE GUINDILLA Y AJO

INGREDIENTES

1³/₄ kg de manzanas ácidas

2 cabezas de ajo (unos 25 dientes)

10 guindillas pequeñas

1 l de agua

azúcar para conservas

PREPARACIÓN

♦ Corte las manzanas en trozos de 2,5 cm, pero no las pele ni les quite el corazón.

♦ Separe y pele los dientes de ajo y pártalos por la mitad a lo largo. Corte en dos las guindillas.

♦ Ponga las manzanas, el ajo y las guindillas en un cazo para conservas con agua y cuézalo todo durante una hora aproximadamente, hasta que las manzanas queden reducidas a pulpa. Viértala en una bolsa de jalea o en un paño grueso y déjela escurrir toda la noche. No trate de forzar que fluya el jugo exprimiendo la bolsa, pues lo único que conseguirá será enturbiar el líquido.

♦ Eche el jugo resultante en un cazo limpio en una proporción de 450 g de azúcar por 550 ml de líquido. Remuévalo a fuego lento hasta que se haya disuelto el azúcar. Hiérvalo a fuego rápido durante 10 minutos, hasta que un poco de jalea cuaje al enfriarse en un plato, y se arrugue al empujarla con el dedo.

♦ Mientras la jalea esté aún caliente, póngala en tarros secos previamente calentados, llenándolos prácticamente hasta el borde. Cubra la superficie de la jalea con un disco de papel encerado y tape los tarros con una cubierta de papel celofán o encerado, sujeta con un cordel o una goma, y guárdelos en un lugar oscuro, fresco y seco.

♦ Esta jalea resulta una salsa excelente para asados y fiambres.

MIEL DE AJO

INGREDIENTES

30 dientes de ajo pelados

675 g de miel clara

PREPARACIÓN

La miel de ajo resulta un condimento ideal en aderezos para ensalada y marinadas, así como un excelente glaseado para cerdo o pollo antes de asar la carne. Además constituye un remedio tradicional contra resfriados, enfriamientos y acné. Los entusiastas acérrimos del ajo llegan a tomarla incluso sobre helado.

◆ Meta los dientes de ajo en un tarro grande de cristal con rosca y vierta la miel encima. Deje unos 2,5 cm entre la miel y el borde del tarro.

◆ Tape el tarro herméticamente y guárdelo en un lugar cálido durante una semana como mínimo, girándolo de vez en cuando.

◆ Los jugos que se desprenden del ajo harán que la miel adquiera una consistencia almibarada y sus propiedades, además de su sabor, pasarán a la miel.

BEBIDAS

Página derecha: Margarita Mia (*vea* página 118)

MARGARITA MIA

INGREDIENTES

PARA 2 PERSONAS

½ diente de ajo

sal

60 ml de tequila

22 ml de zumo de lima recién
exprimido

10 ml de Cointreau

hielo picado

PREPARACIÓN

♦ Machaque el ajo y pase la parte del corte por los bordes de dos copas de cóctel normales de 90 ml.

♦ Moje los bordes de las copas en sal y enfríelas.

♦ Agite el tequila, el zumo de lima y el Cointreau junto con el hielo en un tarro de cierre con rosca y cuélelo, de modo que el hielo no diluya la bebida, en las copas preparadas.

VODKA AL AJO

INGREDIENTES

75 g de dientes de ajo

550 ml de vodka

15 g de azúcar

PREPARACIÓN

♦ Blanquee los dientes de ajo sin pelar en agua hirviendo durante 30 segundos, escúrralos y pínchelos varias veces.

♦ Métalos en una botella de vino vacía, agregue el azúcar y cúbralos de vodka. Tape la botella con un corcho y déjela reposar de dos a tres meses. Cate el vodka y, si no sabe a ajo lo suficiente, déjelo reposar durante más tiempo.

♦ Cuando alcance el grado de intensidad deseado, escúrralo y embotéllelo de nuevo. De este modo se conservará indefinidamente.

—VARIANTE—

El Brandy al ajo puede elaborarse de la misma manera, pero para el Gin al ajo hay que doblar la cantidad de azúcar.

Unas tiritas de piel fina de naranja resultan un complemento ideal.

LHASSI PICANTE

INGREDIENTES

PARA 2 PERSONAS

275 ml de yogur griego

100 ml de agua helada

1 diente de ajo grande picado fino

una pizca de sal

1 cucharada de menta fresca picada gruesa

PARA SERVIR

ramitas de menta

PREPARACIÓN

♦ Remueva juntos los ingredientes y sirva el cóctel en dos vasos antiguos enfriados, adornados con ramitas de menta.

BLOODSHOT DE AJO

INGREDIENTES

PARA 4–6 PERSONAS

175 ml de vodka

175 ml de consomé o caldo de buey frío

275 ml de zumo de tomate frío

15 g de jugo de ajo

1 cucharadita de azúcar

el zumo de medio limón

5 ml de salsa Worcestershire

sal y pimienta de Cayena al gusto

PREPARACIÓN

Un cóctel a mitad de camino entre un Bloody Mary y un Bull Shot; recomendado para desayunos tardíos en días soleados y resacas.

♦ Remueva juntos todos los ingredientes en una jarra de cristal, salpimiente el cóctel resultante y sírvalo sobre hielo.

PONCHE CON AJO

INGREDIENTES

PARA 4–6 PERSONAS

1 botella de vino tinto con cuerpo

½ limón cortado en rodajas gruesas

1 naranja pequeña, pinchada con
6 clavos de olor

15 g de azúcar moreno

un trozo de 7½ cm de canela en
rama, machacado

6 dientes de ajo sin pelar, aplastados

un vaso de oporto o brandy
(opcional)

PARA SERVIR

un poco de nuez moscada

PREPARACIÓN

Una bebida extraordinariamente reconfortante en una noche fría.

♦ Caliente todos los ingredientes a fuego muy lento en un cazo pesado grande justo hasta el momento previo al punto de ebullición. Cuele la bebida en tazas altas y espolvoree por encima una pizca de nuez moscada rallada.

...Y Algunas Sorpresas

Página derecha: Ensalada de fruta verde (*vea* página 124)

ENSALADA DE FRUTA VERDE

INGREDIENTES

PARA 4 PERSONAS

1 pera madura grande

1 lata pequeña de higos verdes

175 g de uvas verdes sin pepitas

1 lima pequeña, sin piel y separada en gajos

2 kiwis, pelados y troceados

30 ml de miel de ajo
(vea página 115)

10 ml de zumo de limón o lima

15 ml de kirsch o tequila (opcional)

PARA SERVIR

1 cucharadita de menta fresca picada muy fina

PREPARACIÓN

◆ Corte en cuartos la pera sin pelar, quítele el corazón y corte los cuartos a lo ancho en trozos de 0,5 cm.
◆ Escurra y cuartee los higos.
◆ Mezcle los trozos de pera con las uvas, los higos, la lima y los kiwis troceados.
◆ Mezcle la miel de ajo con el zumo de limón o lima, el kirsch o tequila y 15 ml de jugo de la lata de higos.
◆ Vierta el líquido resultante sobre la fruta y refrigérela.

PARA SERVIR

Espolvoree la ensalada de menta y acompáñela con nata líquida o yogur.

BOMBA HELADA SORPRENDENTE

INGREDIENTES

PARA 8 PERSONAS

un buen manojo de hojas de menta

175 ml de zumo de tomate fresco

el zumo de 2 limas

2 cucharaditas de azúcar

1 cucharadita de concentrado de tomate

2 claras de huevo

1 aguacate grande

150 ml de mayonesa de buena calidad

75 g de nata montada

150 ml de alioli (vea página 54)

1 cucharada de puré de ajo
(vea página 113)

sal y pimienta

PREPARACIÓN

◆ Bata la menta junto con el zumo de tomate y de lima, el azúcar y el concentrado de tomate. La mezcla no debe resultar demasiado homogénea. Póngala en una bandeja de cubitos de hielo y congélela hasta que cristalice pero se mantenga aún ligeramente blanda.
◆ Monte las claras de huevo a punto de nieve con un poco de sal, revuélvalas junto con la mezcla de menta y tomate y congélelas.
◆ Triture la pulpa del aguacate con la mayonesa y la mitad de la nata. Salpimiéntelo todo para compensar el efecto del frío y congélelo hasta que obtenga la textura de un puré de patatas frío.
◆ Mezcle el alioli con el puré de ajo y la nata restante. Sazone bien la mezcla, envuélvala y métala en el congelador.
◆ Para elaborar la bomba helada, cubra un cuenco grande con la mezcla de aguacate semihelada y congélela de nuevo hasta que se solidifique. Cubra posteriormente la mezcla de aguacate con el sorbete de menta y tomate, dejando una cavidad de unos 7,5 cm de ancho y 8,5 cm de profundidad. Rellénela con la mezcla de alioli semihelada y tape el cuenco con papel parafinado. Envuélvalo en una bolsa de plástico y refrigérelo.
◆ Esta bomba metida en el congelador nunca llega a solidificarse tanto como un helado normal.
◆ Aproximadamente media hora antes de servirla pásela a la nevera.
◆ Justo antes de servirla, sumerja el cuenco unos instantes en agua caliente para que se despegue y vuelque la bomba helada sobre una fuente.
◆ Llévela a la mesa y córtela con estilo.

DULCE DE AZÚCAR CON AJO

INGREDIENTES

50 g de mantequilla

4–6 dientes de ajo, pelados y partidos
por la mitad

225 ml de leche evaporada

450 g de azúcar granulado

una pizca de sal

PREPARACIÓN

♦ Ponga la mantequilla, el ajo, la leche evaporada, el azúcar y la sal en un cazo pesado grande y cuézalo todo a fuego muy lento de 10 a 15 minutos, removiendo ocasionalmente, hasta que el azúcar deje de crujir en contacto con la cuchara.

♦ Retire el ajo y lleve la mezcla a ebullición, sin dejar de remover.

♦ Deje borbotear la mezcla, removiendo con frecuencia, hasta que se espese y adquiera un tono dorado más oscuro.

♦ Para comprobar que ha alcanzado el punto de cocción idóneo, deje enfriar una gota de la mezcla en un platillo de agua fría y, si se mantiene aglutinada sin disgregarse y sin llegar a enturbiar el agua, aparte la mezcla del fuego y déjela reposar durante 5 minutos.

♦ Bata el dulce de azúcar enérgicamente hasta que empiece a cristalizar por las paredes del cazo.

♦ Extienda el dulce en una capa de 1 cm de grosor sobre una bandeja forrada de papel de aluminio.

♦ Una vez solidificado pero todavía caliente, córtelo con un cuchillo húmedo en cuadrados de 2,5 cm.

♦ Deje que se enfríe y guárdelo en una bolsa de plástico o de papel encerado dentro de un recipiente hermético.

♦ Es recomendable consumir este dulce de azúcar en una semana.

Brownies explosivos

INGREDIENTES

PARA 12–15 UNIDADES

3 dientes de ajo, picados muy finos

100 g de mantequilla

100 g de cacao sin azucarar

4 huevos, poco batidos

225 g de azúcar (una parte de azúcar moreno, si lo desea)

100 g de harina, tamizada

100 g de nueces picadas

50 g de almendras blanqueadas

temperatura del horno
160 °C

PREPARACIÓN

Incluso sin ajo, estos brownies producirán un verdadero estallido de sabor en su boca.

♦ Ponga el ajo y la mantequilla en un cuenco grande sobre un cazo de agua a fuego lento.

♦ Cuando se haya derretido la mantequilla, agregue el cacao y mézclelo todo bien.

♦ Incorpore los huevos, el azúcar, la harina y las nueces, removiendo bien después de añadir cada ingrediente.

♦ Vierta la mezcla en un molde rectangular de 20 x 25 cm y decórela con las almendras blanqueadas.

♦ Hornee el bizcocho durante 35 minutos. La superficie debe quedar elástica mientras que el interior debe mantenerse aún un poco húmedo.

♦ Desmolde el bizcocho sobre una rejilla y córtelo en cuadraditos o barritas.

GRANIZADO DE LIMA Y AJO

INGREDIENTES

PARA 6 PERSONAS

550 ml de agua

100 g de azúcar

3 dientes de ajo cortados en cuartos

275 ml de zumo de lima recién exprimido

la ralladura fina de una lima (opcional)

PARA SERVIR

espirales de piel de lima

PREPARACIÓN

♦ Hierva el agua junto con el azúcar y el ajo durante 5 minutos. Cuele el líquido y déjelo enfriar.

♦ Incorpore el zumo y la ralladura de lima, y congele la mezcla, removiéndola de vez en cuando, hasta que adquiera un aspecto granulado pero se mantenga aún ligeramente blanda.

——————— PARA SERVIR ———————

Decore el granizado con espirales de piel de lima y sírvalo con soletillas o lenguas de gato.

Por sí solo, este granizado sirve de refrescante bebida entre platos.

ÍNDICE